龚敏 编著

遇見乌南

2019届乌南毕业生的故事

Reflecting on Wunan Stories
from Graduates Wunan 2019

上海三联书店

目 录

前　言　　　　　　　　　1

第一部分　漫步校园　　　1

第二部分　欢乐时光　　　9

第三部分　感恩乌南　　　20

第四部分　聆听故事　　　26

　　　大一班　　　28

　　　大二班　　　59

　　　大三班　　　89

　　　大四班　　　119

　　　境外A班　　149

　　　境外B班　　169

　　　境外C班　　187

前言

在乌南，我们遇见彼此

世界很大，能够遇见，是一种缘分。

亲爱的孩子们，从你们入园的那一刻起，我们就在美好的遇见中想象着今后未知的种种，期待着相互的温情默契，期望着能走进你们的世界，去倾听、去理解、去支持……而当你们毕业离园之后，老师们总会习惯地围坐在会议桌边，细说着各班共同学习生活的片段，不愿离去，心中空空，直到又有一批孩子们去填补。

有些记忆，我们是永远共同拥有的。

乌南的大门口有一面大钟，背景镌刻着世界地图，每逢整点，它会响起和上海外滩海关大楼一样的钟声，而浑厚宏亮的声音一直能传到衡山路上，令路人驻足，我们称它为"上海之声"。它也告诉所有的孩子和老师，时光短暂，好好珍惜。

漫步乌南花园里，一片郁郁葱葱，一条鹅卵石铺成的小路贯穿始终，其间还有一些叫不出名字的石头摆件，那些都是岁月留下的痕迹。而孩子们常常喜欢在花园里写生，画着幼儿园的四季美景。

乌南进门处第一棵树是山楂树，开白花，结红果，我们亲手制作了山楂糕、冰糖葫芦。乌南最高的树是喜树，在升旗台旁边，正对着教学大楼。花园里还有棵80多岁的香樟树，为了保护它，我们建造教学楼时整体向北偏移。现在，当你们在树下嬉戏玩要时，香樟树也张开它有力的树枝，似强壮的臂膀呵护着大家。

花园里还有几棵哥哥姐姐在毕业前夕栽种的"成长树"，石榴树象征着乌南孕育着许多孩子；桂花树寓意着香飘十里，誉满四方；柚子树、樱桃树也意味着硕果累累。而你们这一届也将栽种下金橘树，我们期待着金秋十月结出满树的果子，如同你们在园时的那份勃勃生机。"成长树"代表着父母对孩子的期盼、孩子对乌南的热爱，以及老师对乌南全体毕业生的美好祝福。

走进教学楼里，二楼走廊地板上贴着"海洋动物有多长"，那是哥哥姐姐上网查资料，一米米地计算，最后将蓝鲸、海豚、鲨鱼的长度用线条表示着，其中代表蓝鲸长度的线一直从自己教室拉到了园长的办公室门前。三楼的墙上是境外部的哥哥姐姐和老师们一起在午餐后，用海绵、墨汁、毛笔共同画的江南水乡图，还有境内部的哥哥姐姐在毕业前夕画下的中国二十四节气的长卷画。四楼的科探室曾经是他们的卧室，当他们回到母校，惊叹着幼儿园的变化，也羡慕着你们的幸福生活。

2018年，乌南幼儿园新园区经过数月的改建，于4月份正式开园。犹记得冬天的那场大雪，也衬托出了在建中校园的亮丽。从此，乌南幼儿园变成了一园三址，每周你们都会在老师的带领下来到新园区的纸艺馆、布艺馆、陶艺馆、木工坊，通过各种各样的动手制作和文化体验，感受工匠精神与中国文化的魅力。

2019年是中华人民共和国成立70周年，也是乌南幼儿园建园70周年。6月，你们共同见证了乌南园庆的庄严、喜庆和热闹。园所内，"小导游"们自豪地向来宾们介绍着乌南的故事；舞台上，你们自信、大方地展示着中国书画和运动风采；操场上，我们一起放飞了70只心愿气球，共同祝福祖国、祝福乌南……此次园庆的主题是"爱在乌南，点亮未来"，寓意着"爱"是我们应该送给你们的最好礼物，而我们自身也要成为一个懂爱、会爱的父母和老师，用家园共育的温度，在共处的三年间，怀揣着对你们未来成长的憧憬和希望。

往届的哥哥姐姐毕业前夕，我们一起探讨"怎样才能使乌南变得更好，更受孩子们的欢迎"。哥哥姐姐们踊跃发言，

一下子很多条建议就产生了，如运动玩具再多一些、开个乌南小学、乌南中学、玩泼水节游戏、把孩子们的作品挂在幼儿园的各个地方、建一个爱心屋、让机器人进教室……我们也实现了其中一些建议，新园区建造了地喷、挖了小溪、搭了空中小屋、每年都在添置新玩具。今年，你们又提出了高科技含量的建议，希望有梦幻般变化的教室；有科技馆一样好玩的游戏；有大大的运动馆……这些好主意，我们一定会努力去实现。我一直相信，一所受孩子欢迎的幼儿园，孩子们自身就应该是设计师，相信有一天，每一个愿望都会变成现实。

我在想，不知你们以后回来时，又会发现哪些变化？

就这样，一批又一批的孩子、家长、老师因为遇见乌南而不同，而在传承和发展中，乌南也因为大家而不断充实着有教育温度的故事。2017年开始，特意编制《遇见 乌南》予以留作纪念，感谢朝夕相处的孩子们，也感谢爸爸妈妈选择了乌南，更感谢为乌南的美好而辛勤努力的全体教工们。本书一共分为四个部分，"漫步校园"展现着我们共同成长的温馨家园，"欢乐时光"则回顾了我们经历的那些丰富多彩的活动，"感恩乌南"见证了一批批孩子的收获和成长，而"聆听故事"则是今年毕业的你们在幼儿园中印象最深刻的一件事。

孩子们的故事是富有生命力且流露着真情实感，有"玩具义卖""红帽檐志愿者""古镇寻宝""快乐小厨房""文化周"等活动，有一幕幕激动欢乐的时刻，也有因挫折而流下的一抹泪花，有关心友爱的朋友情，也有共同努力的师生情，等等。每一则精彩的故事背后都证明着你们已经成为一个身心健康、习惯良好、会分享互助、会快乐学习的乌南孩子，你们变得大方活泼、自信有礼，有了班级集体的荣誉感，懂得了伸出双手去帮助别人，你们遇到困难时不会轻易放弃，努力去克服，你们热爱中国文化，也了解了世界的不同……

确实，由于书稿截止时间的原因，在"聆听故事"板块中，大家无法看到"夜宿幼儿园""毕业生座谈会""嬉水节"等一些临近毕业前夕发生的故事，但这些故事会珍藏在我们的心中。2019年6月19日，乌南毕业典礼，灯光亮起，当你们一个个自信地走向舞台，鞠躬，手捧毕业证书，那一刻，老师和家长们心中都充满了感动、幸福与自豪！

亲爱的孩子，如同小鸟，你即将离枝展翅，真诚祝福，一路平安顺利！

某一天，在世界的某个地方，长大后的你回忆童年，想到中国、上海、乌南，你的心中一定会充满温暖和幸福。

遇见乌南，遇见孩子，遇见彼此，真好！

园长：龚敏

2019年6月

We meet each other at Wunan

It's luck which brings us together in such a big world.

Dear children, from the moment you entered Wunan, we began to imagine the wonderful and unexpected events to come. We expected an unspoken understanding from each other and to step into your world to listen, to understand, to support you...When you graduate, teachers are used to sitting around the meeting table, and talking about the tiny little moments of life and learning from the different classes. We refuse to leave until our empty hearts are occupied with new children.

There exists a kind of memory which we share forever.

There is a big clock at Wunan's gate with a world map carved into the background. The ring of the clock, which is the same as the clock on Punta Della Dogana on the Bund, reminds all the kids and teachers about cherishing time because time is short.

Wandering around the campus, rows of lush trees and the road paved with pebbles, some of which are unnamed stone decorations, are all the traces of aging. Children like to draw here, painting the four seasons of the kindergarten.

There first tree at Wunan's gate is hawthorn tree, which blooms white flowers and grows red fruit. With its fruit, we made haw jelly and sugar-coated haws by ourselves. The tallest tree at Wunan is Xi tree, standing beside the flag pole and facing teaching building. There is a 80-year-old camphor tree in Wunan garden. To protect the tree, we moved our teaching building north when it was built. Now, when you play under the camphor tree, it also stretches out its powerful arm-like branches to protect and care for us.

There are also some "growing trees" which were planted by earlier students before they graduated. Pomegranate trees symbolize Wunan raising many kids; Osmanthus trees symbolize fragrance spreading far like fame; Grapefruit trees and cherry trees symbolize countless rich fruits. As you graduated, Kumquat trees had been planted by your own hands. Wish them good harvest just like how you have been growing into such promising kids. "Growing trees" symbolize parents' expectations for kids, kids' deep love for Wunan, and the best hope to the graduates from the Wunan faculty.

Stepping into the class building, we can see the "How long are these ocean creatures?" panel on the second floor. It's a great achievement made by our senior students. They spared no effort to do research on the Internet and eventually used different lines to show the length of blue whale, dolphin and shark. In order to represent the length of the big big whale, they stretched the line all the way from their classroom to principal's office. On the third floor is the painting of Jiangnan Water Town which was painted by senior students with sponges, ink, and brushes. Also, there is a long painting of 24 Solar terms painted before they graduated. The forth floor used to be the senior^ dormitory. Now, it is a science exploration lab. When they come back, they will be so surprised and happy with what we have now.

In 2018, after several months of renovation, the new campus was officially opened in April. I still remember the heavy snow in winter, which made the campus look even more beautiful while it was under construction. Since then, Wunan kindergarten has become a three-site kindergarten. Every week, you will be led by your teachers to the paper, fabric, clay, and wooden workshop in the new campus. Through various handmade arts, crafts and cultural experiences, you will feel the charm of the craftsman spirit and Chinese culture.

2019 is the 70th anniversary of the founding of China and the 70th anniversary of Wunan kindergarten. In June, you witnessed the festivity and liveliness of Wunan. In the campus, the "little guides" proudly introduced the story of Wunan to the guests; on the stage, you showed Chinese painting and calligraphy and sports confidently and generously; on the playground, we set off 70 wish balloons together to bless the motherland and Wunan... The theme of this anniversary is "love for Wunan, a brighter future", which implies that "love" is the best gift we should give to you, and we should become loving and caring parents and teachers ourselves. We should use the warmth of our homeland to work together and in the three years of coexistence, cherish the vision and hope for your future growth.

On the eve of the graduation of your older brothers and sisters, we discussed together how to make Wunan better and more popular with children. The graduated children spoke enthusiastically. Many suggestions came into being, such as more sports toys, opening a Wunan primary school, Wunan middle school, playing Water-

Splashing Festival games, hanging children's works everywhere in kindergarten, building a "love room", letting robots enter the classroom... We have implemented some of these suggestions. The new campus has built sprinklers, dug streams, built huts in the air, and added new toys every year. During this year, you have put forward proposals for high-tech elements. I hope that, in the future, there will be more fantastic classrooms, more games which are as fun as that in science classrooms and big sports halls. We will work hard to achieve these good ideas. I have always believed that in a kindergarten popular with children, children themselves should be designers. I believe that one day, every wish will come true.

Now I am thinking, what else changes will you find be different when the time for you to come back here?

From generation to generation, meeting at Wunan is what makes kids, parents, and teachers different. That's how we inherit and grow, and the warm story goes on. To memorize these stories, start from 2017, we started composing "Meet at Wunan" to express our gratitude to our kids, their parents, and especially to our faculty. This book has four main parts, "Campus Stroll", "Happy Time", "Thank you, Wunan" and "Listen to Our Stories". With them, we can hold on to our precious memories at Wunan and keep them forever. Among them, "Listen to Our Stories" records the moments that left the deepest impressions.

The stories of our children are touching because of the real emotion behind them. We have activities like "Toy Charity Bazaar", "The Red Brim Volunteer", "Treasure Hunting in Ancient Town", "Happy Little Kitchen" and "Culture Week". We shed tears for frustration and promoted our relationship for fighting together. All of these stories proved that you had grown into a healthy kid who can behave well, know to share and learn happily. You are lively, confident, and willing lo protect the honor of the group. You arc willing lo reach out and lend a hand to others. You never give up easily. You always try to overcome difficulties. You love Chinese culture and embrace the differences throughout the world.

Indeed, due to the editing deadline, we can't put events like "roosting kindergarten", "graduation ceremony" and "the graduates forum" in "Listening to Our Stories", but they will still remain deep inside our hearts like a treasure, and we will tell all of your stories to the younger brothers and sisters.

Dear children, like birds, you arc about lo stretch your wings and explore the unknown. Please take my wishes and blessings with you. May you keep safe and sound throughout the journey.

Someday in the future when you grow up, no matter where you are, we hope your memory of China, Shanghai, and Wunan will lead you to somewhere warm and happy, forever and always.

It's such a fortune to meet Wunan, meet the kids, and lo meet each other!

Principal: Gong Min
June, 2019

[第一部分]

漫步校园

学前部：乌鲁木齐南路14号

Preschool Division：No.14 South Wulumuqi Road Shanghai P.R China

境内部：淮海中路1788号

Domestic Division: No.1788 Middle Huaihai Road Shanghai P.R.China

境外部：淮海中路1480号

International Division: No.1480 Middle Huaihai Road Shanghai P.R.China

百年树人
The Cultural Wall Display,
titled 'It takes three generations to make a gentleman'

我们是一家
We are family

"世界地图"植物墙
The Plant Wall of the World's Map

上海之声
The voice of Shanghai

我们来自哪里
Where are we from

师生共画江南图
The Chinese Culture Theme Wall
by teachers and children

遇见乌南

4

沙水世界
The sand and water world

亲子书吧
Parent-Child Book Area

未来厨房
The Future Kitchen

SAW项目活动室
The SAW Project Activity Room

室内运动馆
Indoor Sports Stadium

中国馆
China Pavilion

非洲馆
African Pavilion

亚洲馆
Asia Pavilion

美洲馆
American Pavilion

欧洲馆
European Pavilion

校史室
The Library of Wunan History

乌南小农场
Wunan Farm

新园一隅
A scene of the new kindergarten

［第二部分］
欢乐时光

民俗体验
Folk custom experience activity

爱在春暖花开时

Love in spring

学当一天兵

Learning to be a soldier for a day

运动会

Sports meeting for children

"红帽檐"志愿者在行动
I'm a red-hat volunteer

古镇寻宝
Discovering treasure in ancient town

文化周活动

Culture week activity

别样的开学日
Special school day

嬉水日
Interesting water day

夜宿幼儿园

Stay overnight at the kindergarten

聂耳铜像前的国歌声

Singing the national anthem in front of the bronze statue of Nie er

共庆园庆

To celebrate the 70th anniversary of the kindergarten

境内部大班毕业典礼
Domestic class chlidren's graduation ceremony

境外部大班毕业典礼
International class children's graduation ceremony

[第三部分]

感恩乌南

2010年境外大班毕业画（2010届毕业生赠）
Graduation artwork by 2010 international class

海洋动物（2014届毕业生留念）
Sea animals

瓷砖画（2015届毕业生赠）
Ceramic tile artwork by graduates

二十四节气图（2015届毕业生赠）
The 24 solar terms

2017届毕业生成长树
2017 growing tree gift

2016届毕业生成长树
2016 growing tree gift

2018届毕业生成长树
2018 growing tree gift

毕业生情系乌南

Graduates return to kindergarten

毕业生情系乌南
Graduates return to kindergarten

[第四部分]

聆听故事

大一班

Domestic
Senior Kindergarten
Class 1

大一班

孙依澜

厨房小记

我最喜欢未来厨房，因为在那里我们可以自己动手，体验做菜是怎么回事儿。做出的那些美味的菜，可以分享给爸爸妈妈尝一尝，说说这个菜要加什么，不要放什么，让他们说说哪里做的好吃，哪里做的不好吃。可以想一想，怎么样改进可以更好吃！

在未来厨房，我们可以跟伙伴们一起做海蜇头拌黄瓜，也可以做出美味的木糠杯，还有爸爸、妈妈、爷爷、奶奶、外公、外婆都吃到过的小饼干。未来厨房让我们的本领变得更强，等我长大了可以做出更多美味的菜给全家人吃。

等我的妹妹来上乌南幼儿园了，一定要让她也试一试这个充满快乐的未来厨房。

家长寄语

三年来依澜从乌南这个大家庭获得了超多的关爱，来自各位老师的深深爱意，各位小伙伴的深切情谊，依澜必将谨记于心。希望乌南越办越好。

教师寄语

三年的幼儿园生活，你从一个害羞内向的女孩，成为一个充满自信、时常洋溢着幸福笑脸的孩子。期待你带着妹妹来上幼儿园的那一天。

徐星潼

爱的礼物

幼儿园里有很多玩具，老师也会带领我们到很多地方去玩，在乌南的每一天我都玩得很开心。

大班上学期的秋游，我们去枫泾古镇玩，全班小朋友一起参加"古镇寻宝"活动，我们自己组队、设计队旗，看地图、找地标、找线索，用最快的速度来完成各种好玩的任务，非常有趣。我最喜欢的一个任务是购物，每人30元零用钱按照自己的想法购买自己最喜欢的物品。我给爷爷奶奶和妈妈以及自己都买了东西，还剩下最后一点钱的时候，本想买个竹编的小蜻蜓，可是突然想到爸爸的礼物还没有，考虑一下后觉得小蜻蜓可以以后再买，这次给爸爸买东西更重要，要知道这可是我第一次自己支配零花钱，我一定要给家里的每个人都带份礼物，因为我很爱他们，我要把这份爱的礼物传递到他们手中，让他们也和我一样开心。

家长寄语

亲爱的潼潼：幼儿园生活很短暂，你即将迈进小学校园，相信你会更加勇敢与自信，愿你以后的人生充满期望和鲜花，永远成为老师及爸妈的骄傲。

教师寄语

正如你的故事所言，你是一个有爱心，懂分享的孩子。愿你永远做个传递爱的小使者，将爱心传递给身边的所有人！

朱奕霏

画出我的爱

爸爸妈妈问我在幼儿园最难忘的一天是什么? 我想了很久, 有好多好多的事情都记起来了, 好多开心的日子啊。记得上大一班的一天, 阳光照在身上可温暖了, 欢欢老师带我们来到了一片美丽的草坪画画, 草坪上有一个白色的宫殿, 像童话中白雪公主住过的城堡, 老师说这是博物馆, 里面有很多美丽的工艺品。嗯! 我想起来啦! 爸爸带我来过这里, 里面好多漂亮的工艺品。欢欢老师要我们每个同学都坐在草坪上打开画板画画, 把这个美丽的城堡画出来。我和老师学会了怎样画尖尖的城堡外形, 再配上自己喜爱的颜色, 每个同学都画出了自己心目中最爱的城堡。

家长寄语

朵朵从那以后爱上了画画。去世界各地旅游时, 她总爱用笔画出喜欢的东西, 感谢乌南, 是乌南的快乐教育使朵朵成长为一个有中国心的世界小公民。

教师寄语

美工区里时常能看到你忙碌的身影, 一幅幅色彩鲜艳的作品就出现了。享受画画给你带来的乐趣, 用画笔留住身边的每一个精彩瞬间。

王雪融

学当一天兵

　　刚开学的时候，欢欢老师和王老师就告诉大家这学期春游的时候，我们会去奉贤军营学当一天兵。不过每个人要集齐20颗星，培养良好的习惯，才有资格去当兵，我们都特别期盼。

　　终于等到4月18日春游的日子，那天一大早妈妈就送我到幼儿园，给我胸前系上大红花，要给我们送军行，好感动，有一位奶奶竟然都哭了。

　　我们到达奉贤军营后，叔叔们给我们表演了各种各样的军姿动作，我们还进行了演练。虽然我练得不好，但是感觉很有架势。后来，老师拿出了我们事先制作的报纸手榴弹，到大草坪上去军事演练。老师扮坏人，我们用手榴弹扔老师，他们就拼命躲，特别好玩。我们还练习了射击，像上了真战场一样，每个人一把枪，好威风啊。

家长寄语

　　一眨眼，三年幼儿园即将毕业。希望小朋友们都健健康康地成长，前途无量，有一个美好的未来。

教师寄语

　　乖巧懂事的你不仅是老师的好帮手，也深受同伴们的喜爱。有一点害羞的你，正在变得越来越自信，相信你的未来一定更精彩。

晚回家的幸福

　　有一次周三选择性活动之后，妈妈来开家委会。家长们在外面和王老师、欢欢老师讲事情。我们几个晚走的小朋友就在里面教室里玩，郑老师陪我们，本来陈乐也很想留下来一起玩，但被他阿姨先带回家了。

　　剩下陈聿斐、陈辛沐、顾国琛和我。我们四个人用桌子，椅子，还有能搬动的各种东西把教室做成了游乐场。大家扮演成各种角色，还画了很多画，我分别扮演了厨师和司机，还把椅子当健身工具挪来挪去。郑老师担心有危险，一直跟在后面，我们四个就跟她捣乱。会议结束后，王老师和欢欢老师跟我们一起去坐地铁。虽然我经常早上在地铁里会碰到他们，但是和两位王老师一起回家还是第一次呢。

家长寄语

　　孩子们的快乐是简单纯粹的，并不需要刻意安排，在一起就是开心，玩什么都不重要了，真可谓总角之宴，言笑晏晏。

教师寄语

　　老师最爱看你笑得把眼睛都眯成一条缝的样子，单纯又美好，能感染身边的人。保持这份纯真，做一个传递快乐的小精灵。

大一班
杨子琳

开学第一天

新学期的第一天，我早早地起床，一边穿上漂亮的唐装，一边催爸爸快点出发。一路上，我反反复复地唱着我们的园歌。

今天幼儿园可真热闹，处处张灯结彩，就像过年时和爸爸妈妈一起去过的城隍庙一样。一进幼儿园我和老师、同学相互拜年、问好后就去参加各种活动了，有舞狮子、套小猪、猜灯谜、剪窗花……样样都很好玩。在老师的帮助下，我做了个灯笼，用毛笔写了个福字，还在许愿墙上许下了新年愿望。

回到家里妈妈问："今天你许的新年愿望是什么呀？""我的新年愿望是上一所好的小学。"我大声回答。"怎样才算是好的小学呢？"妈妈接着问。"就是跟乌南幼儿园一样呀！你连这都不知道啊？"我奇怪地看着妈妈回答道。

家长寄语

乌南幼儿园是你人生的第一所学校，你的每一点进步，爸爸妈妈都感到由衷地高兴。希望你能和小朋友们一起快乐学习、健康成长，永远快乐，永远幸福。

教师寄语

即将开启人生新篇章的你已经长大，现在的你自信、开朗、独立。很高兴看到你的成长和进步，愿你拥有美好、快乐的未来。

大一班
刘梦岠

乌南故事会

幼儿园每天都会有好玩儿的活动，我最喜欢的是老师给我们讲故事。

有时候上午讲，有时候下午讲，有时候欢欢老师讲，有时候王老师讲，有时候是午睡前讲给我们听。还有"故事我做主"活动，小朋友可以自己选择听什么故事，可是我没抽到过这个奖。我记得"百变马丁"的故事，一开始我以为会不好听，里面的马丁能把别人变成消防员、警察、船长、仙女，不管男女什么都会变，还把校长变成了一个帽子，听完之后我就感觉这个故事很好听。

感谢幼儿园老师们给我们讲那么多有趣的故事。

家长寄语

感谢乌南幼儿园给小朋友一个快乐的童年，这将是她今后成长路上一段难忘的回忆。

教师寄语

安静内向的外表下，有一股认真向上不服输的韧劲儿。喜欢你安静听故事时的样子，相信你的未来一定会像故事般多姿多彩。

张睿琦

我爱运动

在乌南幼儿园学前部的四楼有一个漂亮的室内运动馆,我们在这里上体育课,一起锻炼身体。我们吊单杠、走平衡木、荡秋千、投篮球,我们还练习翻跟斗和往返跑。这里很安全,我可以尽情跑跳,释放活力,不怕会受伤。

我是一个文静的女孩子,我原来只喜欢看书和过家家游戏,后来在幼儿园运动场我爱上了运动。每天早上我都早早地去幼儿园参加运动。我现在可以连续跳绳五十几个了,吊单杠可以26秒了。我还参加了幼儿园的选择性活动,学习轮滑,我喜欢飞驰的感觉。

我爱运动,运动让我的身体更加强壮,让我健健康康地长大。

家长寄语

很高兴看到琦琦通过幼儿园的课程爱上了运动。乌南幼儿园在硬件设施和教师授课上都让家长很放心。

教师寄语

惊喜于你在运动方面的蜕变,运动在让你身体强壮的同时也让你越来越活泼、开朗。再大胆一点,你会闪耀出属于你的光芒万丈。

与阳光的亲密

在乌南的每一天都充满了绚烂的色彩，每天我都热切地盼望着到幼儿园里和喜欢的老师同学一起学习、玩耍。

记得有一天，幼儿园里停电，我还是强烈地希望回园上课。妈妈满足了我的愿望，我高兴极了！我记得那天，老师把小桌子小椅子移到了窗边，温暖的阳光变成一个个调皮的小光点，洒在我们的脸上、身上。我们一边和它捉迷藏，一边跟着心灵手巧的欢欢老师制作小怪物书签。然后，我们带着小怪物到阳光包裹着的小操场上运动，欢声笑语和阳光融化在一起，特别温暖！我们还在草地上和王老师玩挠痒痒的游戏，老师像大哥哥一样和我们玩作一团，可爱极啦！

那天的中饭，我第一个吃好，郑老师对我竖起大拇指。我想，小太阳一定钻到我身体里了！

家长寄语

那一个阳光明媚的日子像一幅美丽的画定格在荃荃幼小而丰富的心灵中！感激老师们用真诚的爱，温暖孩子柔软的心房，让她更加美好坚强！

教师寄语

你是个善良又纯真的孩子，喜欢帮助别人，为他人着想。愿你保持这份纯真、善良，在未来的日子里被善意与温柔包围，亦如那天的阳光。

爱心义卖

　　大班的时候，王老师说我们要举办一个义卖活动。什么是义卖，我不知道，于是妈妈告诉我，义卖就是将我的爱心通过礼物传送给需要帮助的小朋友。我准备了我最喜欢的恐龙和遥控汽车，希望得到的小朋友和我一样喜欢探究恐龙和冒险。我们班分了两组，我是第一组的，我们的目标是全部卖完，刚开始我有点紧张，不知道怎么说，但是看到外国小朋友拿起玩具又放下来，我有点着急，我就走上去和他说："这个恐龙很好玩的，可以动的。"外国小朋友看了好久，还是没有买，不过我知道了怎么才能卖出去，我们一个个抱着玩具走到人多的地方，"看看这个，很合算的，你买一个吧。"很快，我们的玩具都卖完了，欢欢老师后来告诉我们，我们只用了10分钟就把所有的玩具都卖完了。

家长寄语

　　我们常常教育小朋友要做一个有爱心，对社会有贡献的人，但是对小朋友来说她没法理解，这次的义卖活动小朋友从头参与到尾，也能切身感受到奉献的乐趣。

教师寄语

　　你的笑脸给大家带来阳光般的温暖，你热心地为他人送去关怀和帮助。愿你能永远保持这份乐观、友善，满满正能量地享受生活！

去春游

在乌南幼儿园学习生活的3年里，给我留下印象最深刻的是去月湖雕塑公园春游。

一大早，我背好了小书包，带好了水壶，很早来到了幼儿园。到了公园，我看到公园里面有个很大的湖，还有很多很多的雕塑，王老师和周老师带我们一起看了雕塑，然后大家一起玩蹦蹦床游戏。到了吃午餐的时间，王老师和周老师带我们到草地上野餐。这是我第一次野餐。我拿出了爸爸妈妈给我准备的面包、薯片和橘子。其他小朋友也拿出了自己的午餐。我们一起分享午饭。我给小朋友们吃了薯片和橘子，其他小朋友给我吃了巧克力和饼干。在回家路上很多小朋友都睡着了，我没有睡觉，因为我还想看看外面的风景。在车上我还交了一个朋友，是大二班的苏立亚(音)，我很喜欢这个新朋友。

家长寄语

乌南幼儿园无论是课程设置、教学理念，还是老师们的专业水平和敬业度，都很出色！经过这三年，女儿从过去懵懂、依赖性很强的娃娃成长为懂礼貌，爱思考能自理的小女生。感恩乌南的老师们和无私的家委会！为乌南的精神喝彩！

教师寄语

你大方聪慧，在春游活动中，你和好朋友们一起分享食物，还结识了新朋友。愿这份友好和善良能永驻在你心间。

大一班

陈聿斐

一本正经地"胡说八道"

妈妈:"兜兜,你们乌南真赞,要写一本你们自己的故事《遇见乌南》,来来来,说说你在乌南三年最难忘的一件事。"

兜兜:"小班我一嘎头代表小一班参加乌南诗词朗诵比赛,这算哇? 我其实格辰光字也不识一个,拿着竹简就是装装样子,还弟子规,圣人训……"

妈妈:"算的算的!"

兜兜:"让我准备《弟子规》离比赛只有一个礼拜,阿拉急煞忒来! 一开始疙里疙瘩,我也不晓得哪能每趟困一觉隔天就背出来了! 这是我第一趟参加比赛,还穿古装,宋老师还带我进乌南广播室呢!"

爸爸:"侬紧张哇?"

兜兜:"紧张倒么啥紧张……妈妈,乌南难忘的事体哈多,中班还有,大班也有!"

妈妈:"小姐,'最'只有一个,不是一批!"

兜兜:"侬也叫我小姐,宋老师也叫阿拉'小姐'的。哈哈哈!"

……

家长寄语

飞逝三年间,感恩之乌南,
回首如昨日,今非已昔比,
区区六十字,千言又万语,
知识无穷尽,待你去探索,
亲爹与亲娘,送爱女十字,
道路千万条,健康第一条!

教师寄语

你小小的身躯下总能迸发出令人惊叹的力量。总是给我们带来惊喜的兜兜,记得一定要勇敢,一定要快乐。

大一班

张宇珩

我爱乌南我的班

小一班，中一班，大一班，我爱乌南我的班。

小班结束的时候，我给全班所有同学都准备了自己画的新年贺卡，向每一个小朋友大声说：祝贺你，我的朋友！

中班结束的时候，我和园长妈妈还有老师、同学一起去上海广播电台录制了介绍乌南幼儿园的节目。

我超级爱我的幼儿园。我好想和老师、同学们再去一次枫泾古镇秋游，再一次捧着藏宝图去古镇探险。在那里我第一次用零用钱自己买了黄酒、状元糕和粽子，背回家带给爸爸妈妈外公外婆品尝。虽然我把粽子弄丢了，但每一个人还是非常开心！

我爱教过我们班的所有老师，我爱每天在乌南工作的老师、保健老师、保安叔叔。我爱我们大一班所有17个男生和13个女生。我爱乌南，我爱我的班！

家长寄语

很幸运遇见乌南，三年来让我们和小朋友一起体验"成长"，点点滴滴，除了难忘还有感恩！小朋友成长为世界小公民并形成良好的生活与思维习惯！ 感谢乌南，祝乌南70周年生日快乐！

教师寄语

你的故事让我们感受到了浓浓的爱，被爱包围的你每天都很幸福。愿你在今后的每一天，继续被爱包围。

瞿泽嬴

民俗活动

开学的第二天，我参加了各种各样的民俗活动，觉得很兴奋，大开眼界。

有剪窗花，窗花先折两次，随后剪出各种图案，打开后特别漂亮；有看中国传统电影，看的是西游记三打白骨精，说的是唐僧师徒四人和坏人白骨精斗智斗勇的故事；有制作小猪贺卡，一张白纸，一个小猪佩奇的图案，用蜡笔图上喜欢的颜色，我觉得非常漂亮；有我最喜欢的套圈，我三个圈全部套中了小猪，特别有成就感；还有舞龙活动，我第一次在现场和同学们到"龙肚子"里去玩，好神秘；另外还有敲锣打鼓，猜灯谜，抬轿子这些传统的中国民俗活动，我非常开心。

我喜欢乌南幼儿园，所有活动都是这么丰富多彩。

家长寄语

对于孩子，相对于成才，更想让你拥有有趣的灵魂，善良的品格，可以坚强勇敢，如礁石一般经得住海浪。

对于乌南和老师，一份幸运一份感恩，有你们真好。

教师寄语

在新年民俗活动的各个馆室中，随处可见你认真参与活动的模样，听到你开怀大笑的声音。愿你永远能保持这份积极向上的精神，祝你乘风破浪、勇往直前。

枫泾古镇去寻宝

时间过得真快呀，转眼间，已经是我在乌南幼儿园的最后一个学期了。在这说短不短、说长又不长的三年时间里，我在乌南幼儿园经历了好多好多有意思的事情，其中让我印象深刻的一次活动，就是大班时的秋游——枫泾古镇寻宝。

因为家里没有弟弟妹妹，我在家里是年龄最小的。从小，全家人都把我当成重点保护对象，许多事情我都没有机会去独立完成。寻宝的活动，让我第一次有了一种"我长大了"的感觉。那是我第一次独立拿着地图找"宝藏"，第一次在口袋里揣上了钱，第一次自己给爸爸妈妈、外公外婆买了礼物，也是我和小伙伴们第一次在没有爸爸妈妈的陪伴下走了那么长的路。回到家，爸爸妈妈拿着我买给他们的礼物，都高兴地说："我们的宝贝真的长大啦！"

家长寄语

亲爱的孩子：谢谢你来到我们的生命里，带着我们共同成长！希望你在未来的日子里，一如在乌南幼儿园的每一天，健康、快乐、茁壮成长！

教师寄语

你是一个善良又有许多奇思妙想的孩子，在未来，你还会碰到许多人生中的第一次，愿你一步一个脚印勇敢前进。

国旗下的演讲

大班开学后不久，老师交给我一项光荣的任务，让我和我们班的季宸节一起在国庆节的升旗仪式上做一个演讲。

这是我第一次做演讲。爸爸和我一起写了演讲稿，让我和小季用对话的方式来说说中国的历史和国旗的意义。我们一共有四段问答，妈妈先让我理解内容，再熟读，最后背出来，还要说出感情。说说简单，练习起来还是挺费劲的。在正式演讲的前一天，老师在幼儿园让我和小季合排了一下，我觉得还不错，但不够熟练，于是我们晚上回家后又练习了几遍。那天晚上，我反复读了好多遍，才放心睡觉。第二天早上醒来，第一件事就是再背一遍，还好，没有忘记，我很高兴。

国旗下的演讲很成功，我听到自己的声音传播在操场上，觉得很自豪。

家长寄语

乐乐，你在乌南幸遇良师益友，经历了很多人生的第一次，在未来漫长的岁月里你会经历更多人生的第一次，祝你人如其名，快乐一生！

教师寄语

在同学和老师们的眼里，交给你的事情总能圆满完成。正是你的这份用心让大家都对你倍感放心，你一定会收获更多的成功。

任思羽

我最喜欢『开学啦』

我最喜欢开学啦，因为在乌南幼儿园可以和小朋友们一起玩自主游戏，可以跟好朋友一起角色扮演，还有老师们会给我们讲故事。

大班寒假的开学活动就特别好玩，幼儿园开展了民俗游园会，我们都穿了唐装，带了灯笼，我还去敲了鼓。游园会上有舞龙、大头娃娃、套圈、可爱小猪、写福写春，好多好多好玩的东西。每个教室都有一个活动，可以带着自己的好朋友一起去玩，我们每个人都有一本游园护照，玩过的项目会在护照上贴星星，画星星，敲图章，我玩了4个项目呢！我还去看了吹糖人、捏面人、还有老爷爷写书法，他还教我写了"福"字。老师们还给我们表演了唱歌跳舞，我和同学们也去表演了节目，非常开心。

我希望幼儿园天天有游园会，天天有节日过，在乌南幼儿园的每一天都很开心。

家长寄语

幼儿园丰富的活动，既培养孩子的自主性，也增加孩子对传统节日的认识，对传统文化的认同。健康快乐是我们家长最大的心愿，在乌南这一切都很完美！

教师寄语

你是个活泼开朗的孩子，在幼儿园的每天，都是开开心心的。喜欢看到你开怀大笑的样子，愿你带着这份快乐和勇气去探索世界！

学跳绳

记得大班开学，我们开始学跳绳。刚开始时，我手里的绳子好像不大听话。

没过几天，我们大一班几个同学就可以跳好多个啦，我真羡慕他们。我用力甩动绳子，学着老师的样子跳，有时候手太快脚跟不上；有时候绳子长度又没调好，把自己绊倒；还有时候索性绳子飞了出去。不过大家都在一起欢快地跳着，小伙伴互相比较，我也不想落后。老师告诉我，刚开始跳绳时，不能太快也不能太慢，要有稳定的节奏。我每天早上爬出被窝就想着去幼儿园练跳绳。自从早上开始跳绳，我真的觉得这个冬天一点都不冷，手脚都暖洋洋的。

终于，我可以连续跳三十个，五十个，一百个，两百个啦！

我感到很光荣，在乌南幼儿园学会了跳绳，让我印象很深刻。

家长寄语

孩子在一个良好的团队氛围中，锻炼了身体，磨练了意志，学会了一种运动技能，更认真地模仿和学习老师，并有持续提高的热情，将终身受益。

教师寄语

你是一个坚持不懈的孩子，还记得你在家因为练习跳绳而磕破了嘴巴，但这丝毫不影响你继续练习的热情。孩子，功夫不负有心人，相信你的明天会更美好！

大一班
黄梓轩

功夫操

　　我最最喜欢功夫操了，可以一边唱一边打拳。王老师教大家功夫操时，出拳、踢腿、转身、再来个定点造型，我学得可认真了！功夫操的歌也很好听，每次我都跟着录音机大声地唱出："站是一棵松，卧似一张弓……"王老师夸我学习得很认真，眼神动作都好酷啊！学完了整套功夫操，我回家就练给爸爸妈妈看了，我还告诉他们：中国功夫最厉害的是少林和武当，我还会太极八卦连环掌呢！妈妈看了直鼓掌，夸我练得好呢！

　　爸爸知道我喜欢功夫操，还给我讲了许多侠客的故事，我最喜欢的是枪扫一大片的岳飞！我把这些侠客的故事和好朋友们一起分享，大家练习功夫操就更起劲了！用不了多久，我们就都可以做个"站如松、卧似弓"的神功小子啦！

家长寄语

　　亲爱的宝贝，三年乌南的生活，开拓了你的视野，让你学会了沟通，行为举止文明有度，看着学会这么多新本领的你，爸爸妈妈为你骄傲。

教师寄语

　　你善良又热心肠，总是会给身边需要帮助的朋友送上关心与祝福。未来，祝福你能像故事中的那些侠客般好好守护你身边的每个人。

难忘的亲子游

　　我最难忘的一次活动就是我们大一班的亲子游：一起去乌镇玩儿。在那里我们看到了小兔子、小羊、黄牛、还有小猪。这些动物我以前从来没见过。我拿草去喂它们，可是没想到草是枯的，它们都不吃。下次我一定带一点好吃的东西喂它们。

　　我们这么多人还围在一起吃自助餐，感觉像一个大家庭一样温馨。我们把准备的节目在迎新晚会上表演给爸爸妈妈们看。我最喜欢王老师的魔术表演，他把一本书里面写的失望的事情全部变成快乐的事情了。我希望我也有这样的本领。

　　亲子游最难忘的事情还有种菜、摘西红柿、童玩馆、去西栅找宝藏等等。我下次还想和乌南的好朋友们一起亲子游。

家长寄语

　　我还能记得那天迎新活动中，孩子们和老师的每一个表演，这真是一个难忘的亲子活动！感谢老师！我们有缘再聚！

教师寄语

　　你是一个热心又好学的孩子，快乐的乌镇一行，又增长了许多新知识。今后，你还会接触到更多的新活动、新挑战，加油！你一定行！

大一班

熊胤喆

『冰龙队』加油

在乌南幼儿园，我印象最深的一件事情就是去枫泾古镇寻宝！我们的队名叫"冰龙队"，我们很开心地走在古镇上，突然看到"蚂蚁队"和"火山队"手里拿着几张拼图，他们边跑边喊着："我们快要完成喽！"哎……可我们却一张都没有找到，大家都有些灰心气馁，我就对他们说："大家不要灰心，只要我们努力一定也能找到拼图，'冰龙队'加油！"最后我们也成功完成任务啦。我还给爷爷买了枫泾酒，给奶奶买了糕点，爷爷奶奶都很开心！

再见2018，你好2019。下一站来到乌南的弟弟妹妹们，希望你们可以在这里快乐地成长，让老师们轻松一点，不要像我一样顽皮。我爱乌南幼儿园，我爱王老师、欢欢老师、郑老师！

家长寄语

愿大一班所有的孩子们都茁壮成长！愿你们能做一个有责任心、有公德心、有爱心、有恒心的人，做个坚强的人，快乐的人，足矣！

教师寄语

你乐于助人，正直勇敢，是我们班的小暖男。当今后遇到困难的时候，愿你记得古镇上那个永不服输的小小少年，为自己加油，为自己呐喊！

陈 飞

爱在乌南

　　2019年乌南幼儿园举办了爱心义卖会。每位大班小朋友从家里带来了两件爱心义卖的玩具，境外中班的小朋友将前来购买我们的玩具。

　　我早早地就准备好了这次义卖的玩具，它们是一个斯诺克台球桌和高达模型。我小心翼翼地将它们带到幼儿园，生怕搬运途中磕坏会影响售卖价格。我们等啊、盼呀，终于迎来了义卖日那天！我们大一班的小朋友们在老师和家长志愿者们的指导下提前做好分工，卖力兜售玩具，有人负责推销、有人负责收钱，许多玩具非常受欢迎，没过多久我们的玩具就所剩无几了！

　　最终我们班募集到了6150元的善款，这些善款将捐赠给需要帮助和身体残疾的小朋友，这是一次充满了意义的爱心行动！

家长寄语

　　感恩乌南！很荣幸我们的孩子能够在乌南度过三年的幼儿园时光，乌南的孩子，品格优秀、思想独立、懂得感恩，衷心感谢园长及老师们的辛勤栽培。

教师寄语

　　你是一个很有主见的孩子，就像一只快乐的小鸟，乌南是你飞行过程中的一片森林，愿你就如你的名字般，自由翔翔。

戴喆宇

互帮互助同学情

在乌南的三年中，我得到了很多帮助，也帮助了很多人。在互帮互助中我体会到快乐，互帮互助又让我交到了更多朋友，我感到很幸福。

记忆最深的一次是去枫泾秋游，我拿着三十元"巨款"采购任务单上的东西，当时我已经去过两次枫泾了，我知道买两盒状元糕能便宜五元，于是主动帮我好朋友杨子琳买了状元糕，一人一盒。可是买着买着钱不够了，看着大家都买粽子吃，我好眼馋。这时我的好朋友杨子琳看到了，就反过来买粽子给我吃。热乎乎的粽子软软糯糯香喷喷的，这真是世界上最好吃的粽子了！回来的路上，我边吃边唱歌，心里无比开心。这是我最珍贵的回忆。谢谢你，我的好朋友！将来我一定会帮助更多需要帮助的人，成为一个具有正能量的大气男孩。

家长寄语

戴喆宇！恭喜你长大了！马上要步入小学了！不要因为幼儿园毕业而悲伤，因为这是你长大的标志。你依然可以约幼儿园的好朋友们一起玩儿，爸爸妈妈永远支持你。

教师寄语

你是一个小暖男，在活动中能够处处为他人着想。保持这份善良，相信你会交到更多的好朋友，用你的行动去温暖身边的所有人。

大一班
陈辛沐

枫泾古镇游

　　我最喜欢去枫泾古镇。我和同学根据地图去找宝藏，每个宝藏都是一张拼图，最后拼出了一张好看的农民画。那里有很多很多好吃的东西，状元糕、熏拉丝、黄酒、猪蹄、鸭子……我用自己带的钱买了炸豆腐、彩色的星星糖果、桂花糕，花了30元，第一次自己花钱很开心！

　　我在枫泾古镇吃了很多同学给的点心——好多鱼，郑阿姨还给我尝了她亲手做的饼干，老师们还发给了我最爱吃的羊卷面包，我在那里玩得特别特别开心！

　　爸爸妈妈平时也带我们出去玩，但没有去枫泾古镇开心，因为只有在这里可以找宝藏，我最喜欢找宝藏了！我不想去小学，想一直留在幼儿园！

家长寄语

　　乌南的老师如春天般阳光，乌南的娃娃如夏天般烂漫，乌南家长们的收获如秋天般殷实，我们将经历一个离别的隆冬，重新拥抱各自的明天！忘不了乌南……

教师寄语

　　在幼儿园，你就像一只快乐的小鸟，喜欢把自己的快乐事与同伴分享，喜欢挑战朋友成为下棋高手。老师祝福你，健康快乐、学有所成。

大一班

汪泓巍

中国年

制砖

在乌南幼儿园学习生活的三年中，令我最难忘的事情是乌南新年民俗会。小伙伴们都穿上了漂亮的传统服饰，提着小灯笼相互问候。幼儿园老师精心安排了很多具有中国特色和传统习俗的节目，例如一楼有套圈、做可爱小猪、敲锣打鼓；二楼有做小猪贺卡、写福写春、做新年灯笼；三楼有播放经典动画片、剪窗花、猜灯谜；大礼堂抬轿子活动……我和小伙伴一起迫不及待地参加了许多活动，尤其是套圈，经过自己的努力赢得了2颗星。

回到家打开书包，看到我亲手参与制作的新年贺卡、小猪和剪纸，心里别提有多开心了，在幼儿园这个大家庭我又过了一次开心的中国年。

家长寄语

感谢乌南，独立、坚强、自信将伴随你一身，愿你拥有辉煌的人生。

教师寄语

聪明懂事、乐于助人、善良质朴，这些你身上的闪光点让你备受同伴们的欢迎，愿童年的这份美好能永远停驻在你的心间，伴你成长，助你成材。

大一班

马鸣谦

我爱阅读

每天当我们一走进幼儿园，就能看到一个"大大"的阅览室。悄悄说一句，这里面积并不大，但在我的心里，这里却"很大很大"，因为就是在这里，我爱上了读书。

阅览室里有很多好看的绘本，都是老师们精心挑选的。我最喜欢的书是《武士与龙》，讲的是一头喷火龙和武士比武，结果都受伤了，最后他们只能合作开了一家烧烤店，生意好得不得了，很有意思吧。

星期五，我们还可以借一本书回家，这是我最期待的事情。老师告诉我们，大家要爱惜书本，好好把它们带回幼儿园。

每天我们还可以带一本自己喜欢的书去幼儿园。我好喜欢和同学们肩并肩坐在教室里，一起读故事。

在乌南，我慢慢长大；在乌南，我爱上读书。谢谢你，我亲爱的幼儿园！

家长寄语

很喜欢纪伯伦的那句诗"你是弓，儿女是从你那里射出来的箭"。三年前开弓射箭，有不舍、有忐忑。三年后，收获的是成长、是感恩。感谢乌南，幸运有你！

教师寄语

你那忽闪的大眼睛，单纯又美好。在书中，你学会了许多知识，发现了很多奥秘。愿你继续在书的海洋中遨游，永远快乐。

大一班

顾国琛

图书角

幼儿园里面有很多好玩的东西。有多元文化馆、屋顶农场、沙水世界、未来厨房……

不过我最喜欢的还是图书角，那里摆放了各种各样的绘本，都是我喜欢的。小班和中班的时候，爸爸每天陪我在一楼的图书角看书，和很多小朋友围在一起，真有趣。我记得里面有一本书，叫《揭秘交通工具》，记录了从古代到现代的各种交通工具，比如马车、汽车、火车和飞机，以及它们的构造和动力来源是什么。

学前部的书比境内部的书更多，每到放学的时候，我就拿一本书来看，一直等到爸爸来接我。每周五的时候，我们还可以把书借回家看。

看书，让我认识了很多汉字，也了解了很多知识。

家长寄语

读书，不仅可以增进孩子的知识，也可以培养孩子的专注力。在很多小朋友都要看同一本书的时候，他们还要懂得分享、礼节、耐心和等待。

教师寄语

你是个聪明、好学、爱看书的小男孩，小小的脑袋里藏着丰富的知识。愿你继续保持这份学习热情，点亮自己的美好未来。

大一班

郭明廷

寻宝记

在幼儿园的这段时间，真的很开心，每天都会有很多好玩有趣的事发生。

让我印象最深的是在去年秋游的时候，我们大班是到枫泾古镇，我很高兴能和小伙伴一起玩，而且还找到了很多宝贝。班级分成了几个小组去寻宝，我们小组是火山队，由陈飞做队长，兜兜做副队长，我做后队长，小叶子做我们的士兵。每个小组都会分到一张地图，要找到四个拼图分别提示宝贝所在地，集齐所有拼图后，宝贝可随意选。在找拼图的过程中，虽然我们不清楚要怎么走到想去的地方，但是我们找了很多当地的叔叔阿姨帮忙。最终我们集齐了4个拼图，找到了宝贝状元糕。

小伙伴们都买了礼物带回家。但是我自己买了玩具，忘了买礼物，下次再出去我要先买礼物给家里人。

家长寄语

都都在刚进乌南时还是一个顽皮任性的小男孩，现在转眼间已经有了小小男子汉的模样，这和乌南的优良教育理念，老师们的辛勤教导是分不开的。感谢乌南。

教师寄语

你是一个有想法、喜欢总结的孩子，在每次活动之后都收获满满。愿你不断前进，拥有美好的未来。

参观航天博物馆

　　大班的时候我们去了航天博物馆,在博物馆里面我看到了各种各样的飞机。

　　最先看到的是以前毛主席坐过的大飞机,然后博物馆的阿姨介绍了飞机的历史,我知道了是莱特兄弟造了第一架飞机。我们了解了飞机飞行的原因,还亲自动手玩了一下各种装置。最后我们看了动感电影,椅子会动,像真的坐在飞机上冒险,太有趣了。

　　参观结束后,全部的小朋友和自己的爸爸妈妈一起坐在草地上玩,小朋友们表演了节目,还有一位爸爸表演了绕口令:一只葡萄,两只葡萄,三只葡萄……大家都被这位爸爸的表演逗笑了,最后我们拍了集体照,我看到照片上每一个小朋友都笑得很开心。

　　这就是我在乌南最难忘的一件事情!

家长寄语

　　乌南丰富了你的生活,教会了你坚强独立,愿今后你能带着乌南的呵护、父母的陪伴健康快乐地成长,将世界的爱浓缩,写进你的眼眸,拥抱绚如骄阳的未来!

教师寄语

　　你笑起来眼睛弯弯的,总是带给人温暖,喜欢看你快乐地和同伴们游戏,也喜欢看你认真思考的样子,带着大家对你的爱,继续加油!

大一班

李思晨

乌镇趣事

　　大班时，我和小朋友们一起游乌镇，一起探险。到处都是以前的房子，妈妈说，这叫作古色古香。我不知道什么叫古色古香，不过，我觉得这些房子和妈妈常看的电视剧里的房子一样。妈妈说，鲁迅小时候还划过这种船去看戏呢。我问妈妈谁是鲁迅，是隔壁的鲁爷爷吗？妈妈呵呵地笑了，爸爸也呵呵地笑了，我也跟着笑了，虽然我不知道他们笑什么。妈妈眼泪都笑出来了，然后她告诉我，鲁迅是我们国家一个很有名的作家，写了很多的文章，让很多的人变得更加爱国，不是隔壁的鲁爷爷。哦！原来我认错人了。

　　鲁迅爷爷真厉害啊，比古色古香的房子更厉害。长大了，我也要做一个很厉害的作家，写出很多很多的故事，让更多的人热爱我们的国家。

家长寄语

　　集体活动丰富多彩，让宝贝游玩中也能感受水乡的特色，这真的是意外的收获。我希望宝贝长大后热爱生活，热爱集体，做个快乐的人。

教师寄语

　　转眼你就要步入小学生活，看着你不断地变化与成长，为你的每一次进步而感到喜悦。愿你梦想成真！

大二班

Domestic
Senior Kindergarten
Class 2

净水实验

大班上学期，我们在沙水世界进行"沙漠绿洲"的项目化学习活动。全班小朋友分成三个小组，分别是楼房组、建构组和实验组。楼房组负责在网兜上建造空中酒店，建构组负责在沙漠中挖掘河道，实验组负责水的过滤和土豆发电这两个小实验。而我参加了水的过滤这个小实验。

我们用花岗岩、瓷沙和活性炭做成简单的三层过滤器。第一层是花岗岩加滤纸，第二层是瓷沙加滤纸，第三层是活性炭加滤纸。经过我们的实验，不干净的水经过三次三层过滤就可以变成干净的水。我们把干净的水收集了起来，我也了解到了水的净化的方法。

经过全班小朋友大半个月的努力，我们把沙水世界变成了沙漠绿洲。虽然和我们想象中的绿洲不太一样，但这是我们自己的努力成果。我们都非常开心！

家长寄语

遇见乌南是最幸运的事！感恩乌南和所有老师们的辛勤付出。你们的无私奉献，成就了孩子们的美好未来。祝福乌南和所有乌南人！

教师寄语

你是班级里面的动手小达人，很喜欢研究一些感兴趣的事情。你也是个很讲义气的男孩子，在班级里大家都愿意和你做朋友。小小龙，祝福你，未来一切顺利，赢得更多的朋友哦！

我 的 最 爱

　　我觉得在乌南幼儿园最好玩的是运动时间，因为运动时可以和好朋友们一起跑步玩儿，还可以在操场上玩滑滑梯。

　　我还喜欢在幼儿园里磨豆浆。因为磨豆浆的话必须要一只手拿着磨的把手，把碗放在上面，磨啊磨。石磨里还要放进豆豆和汤汤。豆豆是黄色的，所以叫黄豆。把黄豆放进去之后，还要倒水。倒进去之后磨啊磨磨啊磨，还用小碗接着，就变成白色的水会出来，豆浆就磨好啦！

　　我喜欢幼儿园里的老师，有顾老师、池老师和徐老师，还有以前的王老师和金老师。他们对我都很好，我想一直在乌南幼儿园。

家长寄语

　　乌南时光接近尾声，宗宗真正感受到集体、上课……虽然从叙述里，他似乎更喜欢运动时奔跑的自由；但是他念兹在兹的，好像还是"磨豆浆"。感谢老师，见证成长。

教师寄语

　　幼儿园的三年生活见证了你的成长，现在的你，高高大大、精神饱满，真像一个大哥哥，你一定会变得更棒！

胡伟桐

快乐的每一天

我每天最开心的事情就是去乌南幼儿园，到了幼儿园，我可以和最好的朋友们一起在操场上奔跑、挖沙子、滑滑梯。

我特别喜欢池老师教的功夫操，也很喜欢和小朋友们一起排练节目。幼儿园里还有好多场馆，有中国馆、欧洲馆、非洲馆、科技馆、运动馆，好多好多。欧洲馆里有很多我最爱的小汽车，有消防车、警车、公交车，我最喜欢在里面玩了，等我长大了，我还想要开消防车呢！

每当过节的时候，幼儿园里还会举办各种各样的活动，我可以玩好多游戏，赢了还能得到老师奖励的漂亮贴纸。我最爱我的幼儿园，我的老师和我的同学了！

家长寄语

我很庆幸为孩子选择了乌南作为他人生的启蒙课堂，这里有关心爱护他的老师，有陪伴他一起成长的同学。希望在这里迈出的每一步，都能成为他人生道路上的重要基石。

教师寄语

从小班到大班，你的每一个进步都代表着成长，相信今后的你一定会是一个敢于尝试、能够坚持的小小男子汉！加油！

爱在春暖花开

在乌南幼儿园，我们每天都过得很开心。四月，我非常期待的是"爱在春暖花开"玩具义卖活动，玩具义卖就是要送出我们大班的一片爱心。我发现在玩具义卖活动中，小朋友都事先准备了很多不一样的玩具，我准备的玩具是青花瓷立体拼图的花盆和赛车总动员的乐高积木。

在义卖当天，我们的所有展台都布置得非常漂亮，境外班的小朋友分批来现场买我们的玩具，我们都大声叫卖，吸引小朋友来买我们的玩具。很快我们展台的玩具全部都卖空了，我们收到了很多购买券。这些款项将全部用于购买玩具和运动器械送给董李凤美学校的小朋友。

我很喜欢这个活动，我们帮助了跟我们同龄的小朋友，也成功地送出了我们的爱心。

家长寄语

乌南是孩子第二个温暖的家，遇见乌南，是幸福又幸运的事。孩子从乌南起步，每一天都收获满满。孩子即将从乌南起飞，愿你带着老师和同伴们的祝福，在蓝蓝的天空越飞越高。

教师寄语

你有强大的感染力，每次只要你讲故事，其他孩子们都会专注地听着，被你动听的声音所吸引。希望你能将更多好听的故事分享给身边人。

武沛辰

记忆

　　沙水世界是我在幼儿园的最爱。天底下哪里有不爱玩沙、玩水的孩子呢？没有。绝对没有！在沙水世界里，我们就是那里的"国王"和"皇后"。

　　当老师的小助手也是我的乐趣之一。多数时候是因为我是个话痨，而且不怎么遵守课堂纪律，有时候还爱开个小差。老师会让我坐在他们的身边当助手！后来，我发觉做老师的小助手也挺好的，小朋友们会一直盯着我看，这样我渐渐地不再怯场啦。哈哈！

　　我还特别喜欢参加幼儿园里举办的各种节日活动，比如端午节、春节、母亲节啊。这次元宵节活动有舞龙、舞狮，还可以天天穿唐装，真是太棒啦！不知不觉中我就知道了很多中国传统习俗啦！

家长寄语

　　希望乌南给你童年播种下的美好记忆能够在你小小的心中生根发芽。在新的生命旅途中带给你幸福感和正能量，陪你跨过千山万水，归来时候成为一个热爱生活、勇敢坚毅的乌南人。

教师寄语

　　你总是对有挑战的事情充满着动力，每当你转一转小眼珠，我就知道你一定又想出什么好点子了！愿走向未来的你一直保持这份好奇心！

吃好睡好，助我成长

记得刚进幼儿园时，我吃饭吃得非常慢，是班级中最后几名。看着吃完饭的小朋友都出去玩了，我却还在继续吃饭，所以有些不开心。老师们告诉我们吃饭要认真专注，一口接着一口吃，我就努力照着老师的方法做。到大班时，我可是小组内第一名吃完的呢！这些热饭热菜吃进肚子里，变成了我的身体营养剂，真开心！

我和徐老师还有一个小秘密。刚进小班时，午睡中不捏着外婆的手指，我怎么也睡不着。徐老师知道后，就搬了小板凳坐在我的床头，弯着腰，将她的手指给我。我捏着徐老师的手指，感觉就像外婆在身边一样，渐渐进入了梦乡。慢慢地，我长大了，午睡也不再需要捏手了。但现在每次午睡时，只要徐老师在，我就感觉特别安心。

家长寄语

宝贝，回顾着你在乌南的点滴成长，爸爸妈妈为你骄傲，为你自豪，同时也感受到乌南老师那无私而温暖的爱，这些将影响着你的一生。

万语千言汇成一句：感谢老师！感恩乌南！

教师寄语

你是个暖心的大男孩，总是愿意帮助同伴，大家都喜欢和你一起游戏。进入小学后，愿你的乐于助人也能温暖更多的人！

大二班

耿哲成

我爱运动

　　我最喜欢的事情就是参加幼儿园里的体育运动，每项运动我都很喜欢。其中我最喜欢的项目是跳绳，但是一开始我跳不好，2个也连不起来。回到家里，我就和妈妈一起练，天天在小区里跳绳，现在我已经可以连跳90个，我还能走路跳、单脚跳呢。

　　乌南还有很多其他运动项目，广播操和功夫操我也很喜欢。我最喜欢的是池老师教的功夫操，我回家还教会了爸爸和弟弟，我们晚上一起听音乐一边打功夫操。每天的运动时间都让我感到很快乐！

家长寄语

　　耿哲成爱运动，这是令他收获自信最多的活动。他经常回来教弟弟幼儿园里学的运动游戏。非常感谢和赞同乌南对孩子们在运动方面的要求，强健的体魄是所有一切的基础！

教师寄语

　　热情开朗是你的"名片"，你喜欢各种运动，脸上总是挂着喜悦的笑容，要将这份快乐传递下去哦！

温暖的大家庭

　　刚去幼儿园的时候，我还是个小宝宝，从来没离开过爸爸和妈妈。

　　有一天，大班的哥哥姐姐们来为我们表演节目，还给我们带来了礼物。后来我才知道，哥哥姐姐们专门从其他园区来到小班关心弟弟和妹妹们，我觉得很幸福。到了大班，我们也成了大哥哥大姐姐，轮到我们去小班帮助弟弟妹妹们。我做了引导员，负责把弟弟妹妹们带到自己的教室去。早上，我认真地看了教室平面图，记住了每个教室的位置，然后等弟弟妹妹们来了，就拉着他们的手，把他们送到了各自的教室。其实，一开始我有点难为情，池老师和顾老师一直为我加油，最后顺利完成了任务。

　　尊老爱幼是我们中国人的传统美德，而且帮助别人的感觉真的很好，我以后还要一直帮助别人。

家长寄语

　　在乌南的三年美好时光快要接近尾声，元子在这个缤纷的小世界里创造了很多美好的回忆。让我们继续带着一颗好奇的心，植根于中华民族的传统文化，去勇敢探索这个世界吧！

教师寄语

　　元子，你是个充满好奇心的男孩子，遇到问题很喜欢问为什么，也经常认真思考答案。希望你能怀揣着这颗好奇心，大胆地去探索世界吧！

挖河道实验

大班时，我们开始了"沙漠绿洲"的建造，每个星期我最期待的就是老师让我们带上雨鞋去沙水世界里玩儿。我们有建造组、楼房组、植物组和科探组。我是建造组的一员，是负责挖河道的。我们在建造的时候遇到了一个问题，就是河道挖到一个地方的时候，旁边的沙子总是掉进河道把河道堵住。我们试了很多种方法去解决这个问题，都失败了，但我们没有放弃，最后我们终于发现用水把河道旁边的沙子打湿一点点再拍实，沙子就不会掉进河道了。通过我们的努力，几条河道终于都完工了，看着河道通水的那一刻，我们都激动极了。其他组的小朋友也努力完成了他们的沙漠绿洲计划。

沙漠绿洲之旅真是太带劲了！

家长寄语

每天看着你背着书包高高兴兴地走进幼儿园，爸爸妈妈想，你在幼儿园一定很开心幸福。愿你能继续健康快乐地成长！衷心感谢过去三年老师们的悉心照顾和精心培育！

教师寄语

你有许多的奇思妙想，在沙水世界中，会积极开动脑筋来解决遇到的难题，和同伴们一起完成沙漠绿洲。愿你带着大胆想象和创造力拥抱灿烂而美好的未来！

张奕驰

有朋友真好

在乌南幼儿园我参加了人生中第一个音乐剧表演《有朋友真好》，我和伙伴们从海选到市级决赛，一路坚持和努力，最终获得了一等奖的成绩！

开始，我们都玩玩闹闹不专注，但在排练过程中，顾老师用智慧调动我们的积极性，在她耐心的教导下，我们变得专注和耐心，也更具团队合作意识。一起排练和演出的日子，我和伙伴一起进步，一起紧张又兴奋地面对台下无数双观众的眼睛。我们手拉手，彼此传递力量，默默地互相鼓励，还结下了小战友般的情谊！

音乐剧只是我在乌南快乐生活的一个小场景，在乌南的每一天，都充满了爱与正能量。

家长寄语

张奕驰非常喜欢自己的同学和老师！看着他从懵懂幼儿成长为懂事的孩子，心中感激老师们对他悉心的教导，感谢班级小伙伴给予他的帮助和纯真的友情！

教师寄语

三年的生活转瞬即逝，你长大了不少也收获了许多美好的回忆。相信未来你也会像在幼儿园里那样，拥有很多好朋友，他们是你成长路上的珍宝哦！

郑秀铭

快乐阅读

每个星期五，我都要叫爸爸妈妈早点送我去幼儿园，因为那天我和我的小伙伴们可以到室内运动馆玩耍。在那里，我经常和圆子、溪溪、萱萱一起跳绳、攀岩、翻越障碍，非常开心。

但是，我喜欢室内运动馆还有另外一个原因，因为旁边有各种各样的图书，还有很多很多的小桌子、小椅子，我可以找到我喜欢的图书，在那里坐下来慢慢看，看到有意思的地方，我还能叫上我的小伙伴们一起分享。我很喜欢那里的一本书《骑士与龙》，我和小伙伴们还假装自己是书里的骑士、龙和公主，相互决斗，但没有胜负，最后一起开了一家热狗店，有意思极了。

家长寄语

很高兴你在乌南开始了你的人生旅程，在这里你成为了开朗、自信、好奇、乐观的孩子，也找到了自己的好朋友，并且爱上阅读，希望你能把阅读的习惯保持下去，一定会受益一生。

教师寄语

你总是能给老师、伙伴们带来快乐，大家都愿意和你做朋友。你还是一个爱读书的小男孩，认真看书的你真帅气！加油！

光荣的『红帽檐』

我已经升到大班啦,是幼儿园里的哥哥了!我告诉你一个秘密哦:只有大班的小朋友才可以当"红帽檐"!"红帽檐"有迎宾员、卫生员、向导员、安全员、安抚员。我最想当的就是安全员,可是我报名的时候有点晚了,安全员已经报满了,我就报了迎宾员。

当"红帽檐"的时候,我们会戴上红丝带和红帽子!那天还要很早起来去淮海园呢,因为要在小班、中班的弟弟妹妹们到幼儿园之前站好岗,就像解放军叔叔那样!我是迎宾员,站在学校门口,站得笔直笔直的。看到小朋友来了,就向他们说"早上好",还提醒他们自己刷卡;后来脚有点酸了,但是我坚持下来了!

明年我还想再当一次"红帽檐"!

家长寄语

入园时那个害羞的小男孩仍历历在目,我们很开心你在幼儿园里度过了三年美好的时光。我们为你成长的每一天喜悦和快乐,为你的每一次进步惊喜和感动。遇见乌南,真好!

教师寄语

记得红帽檐时,作为迎宾员的你面带笑容、亲切地和弟弟妹妹们打招呼,从始至终都站得笔直,为你的认真和坚持点赞!祝你的未来一切顺利、天天向上!

大二班

曹舒睿

我长大了

我3岁时很不情愿上幼儿园，但是很快地，我就喜欢上了这里，我和小伙伴们一起做运动、玩游戏、学知识、练本领。

乌南让我生活上变得独立。在老师的帮助下，我学会了独立吃饭，不需要别人喂，还养成了良好的生活习惯和动手能力。在做一些事情时，刚开始做的并不熟练，但有顾老师、池老师的帮助和鼓励，我很快就学会了在午休前自己铺床，午休后自己整理好被子、穿衣服、束裤子、保护小肚皮。

乌南让我发现好多有趣的事。我们唱歌，跳舞，扮演游戏里的角色，有时扮进攻，有时扮防守；一起做操，一起表演，分工合作，开心地成长着。

家长寄语

"十年树木，百年树人"。希望睿睿能继续坚持好的习惯！穿衣吃饭，洗睡刷牙，自己独立；礼貌待人，细心做事！遇见乌南，你是幸运的，有个美好的童年！我们家长也是幸运的，孩子在园里放心踏实！

教师寄语

你是一个乐观、开朗的大男孩，遇到问题会主动思考、勇敢面对，给身边的同伴带去温暖与快乐，遇到你，真好！

我不恐高了

哥哥快要毕业的时候，我经常去接他放学，一转眼我也快要离开乌南了。

哥哥说幼儿园的"城堡"是最好玩的，我一直都非常期待。可是等我读大班时，"城堡"换成了荡秋千和爬网，没多久我就喜欢上这个运动馆了。

我最喜欢的是爬网，我胆子比较小，不敢爬上去，在小朋友们的鼓励下，我鼓足勇气爬到中途，可是不小心又滑下来了，心里"砰砰"直跳，心想：我还是在下面摇网就好。好朋友一个个轻松地爬上去了，我们来回摇网，大家玩得很开心。"原来站在上面这么好玩，我也要爬上去。"在好朋友们的鼓励下，我慢慢向上爬，爬到上次滑下来的地方有点害怕，最后还是努力爬上去了，好朋友们都给我点赞，然后过来一起摇，我心里美滋滋的。

家长寄语

很快二宝也要从乌南毕业了，孩子们的成长让我们看到了不同的教育方式。女儿性格内向，刚入园不是很适应，感谢老师们的耐心和辛勤付出，乌南给予的教导能够让她受益终生。

教师寄语

你是老师的好帮手，交给你的任务总是能认真负责地完成，马上要进入小学了，相信你会认识更多老师和伙伴，变得越来越棒！

大二班

顾宸溪

许多的第一次

大班开学的第一天，我头戴乌南红帽子，站在幼儿园门口当"迎宾员"，迎接和帮助小班和中班的弟弟妹妹们。我随身带了贴纸，如果有弟弟妹妹哭了，就可以用来安慰和分散他们的注意力。这是我第一次有了"长大"的感觉。

到了秋天，我们坐大巴士去枫泾古镇秋游。在顾老师和池老师的帮助下，我第一次拿着地图，在陌生的环境中，完成了小组的任务。这是我第一次感觉到了"合作"的力量。

在个别化学习时，有时我们一起玩吸铁石，把细长的吸铁石当作笔，做了搭建计划，最后合作完成了美丽的吸铁石小屋；有时我们一起玩自画像，把自己画得美美的或者歪歪的，最后哈哈大笑。这是我第一次感觉到了"友谊"的快乐。

我对妈妈说，真希望我幼儿园的生活永远都不要结束。

家长寄语

从初进校园的青涩，直到临近毕业的"老成"，爸爸妈妈希望你要感恩幼儿园老师三年来的辛勤点滴付出，牢记在幼儿园的所学，这会帮助你受益于整个人生。

教师寄语

很高兴看到你从一开始的羞涩到现在的自信，这些点滴都是你的成长，现在的你讲起古诗、说起新闻都有模有样，为你的成长感到高兴！

遇见乌南

74

最爱的幼儿园

　　我在幼儿园最开心的事情就是和小朋友们一起出游，每次我都特别开心，印象最深刻的是去枫泾古镇那一次，我们每人都带了30元钱，在老街上逛得很开心，各自买到了喜欢的东西。

　　马上就要毕业了，再也吃不到乌南幼儿园好吃的饭菜，还有每天好玩的游戏。我会想念乌南幼儿园快乐的生活和每一个细心照顾我的老师。

　　不过我家离幼儿园很近的，有时经过的时候，我还能再去看看我喜爱的幼儿园。

家长寄语

　　三年来，看着你在乌南这么有爱温暖的大集体里生活、成长，在所有老师们的呵护下进步，真是觉得万分欣慰，这将会是你人生中最宝贵和难忘的时光。

教师寄语

　　每天早早来园的你，总是很有礼貌地和老师们打招呼。上课的时候，你总是能想到一些与众不同的点子，还经常讲笑话逗得大家笑哈哈，希望你能一直这么快乐哦！

大二班

汪歆甜

快乐地成长

　　我在乌南幼儿园里有很多很多非常快乐的时光，我特别喜欢的是老师组织的游戏活动。从小班到中班再到大班，每一个由金老师、顾老师、池老师组织的游戏都特别有趣，到现在我回想起来都还会开心地笑。印象最深刻的就是小班时金老师带领我们做的切西瓜、中班时顾老师带我们玩的贴人游戏，还有池老师大班里给我们玩的数字游戏和词语接龙，它们不仅好玩还锻炼了我们的反应力。

　　除了游戏，乌南还有很多选择性活动，我学习了乐高，自己动手拼搭出各种各样的积木；我参加了科探小实验，尝试了各种有趣的科学小探索；我还上了最爱的手工课，成为了手工"小达人"！

　　乌南就是一个带给我欢乐，带给我笑声，带给我温暖的地方，我会永远记住这段好时光！

家长寄语

　　三年在乌南的学习和生活即将进入尾声，在老师们的精心照顾和教导下，我们见证了你的成长和进步，为你欣喜，为你骄傲！希望你带着这段美好经历出发，小学里继续努力，不忘师恩！

教师寄语

　　和你的名字一样，你是一个很"甜"的女孩，笑容很甜美，待人很甜蜜，这份甜甜的感觉充满了温暖和热情。祝福你未来一切顺利！

我
们
的
运
动
会

　　中班下半学期，乌南举办了运动会。项目真不少，有拍皮球、跳绳、踢球等，我和另两位同学组成了搬垫子队参赛。

　　这是一项注重团队协作的项目，三人配四块垫子，队伍最后的队员要把多的一块垫子依次传递给队伍第一个队员，踩上后三人才能前进。比赛开始了，起初我们有点慌乱，几次调整后，在传递垫子的速度上有了不少提高，使得我们的位置渐渐取得了领先。我们知道比赛中一时一刻也不能马虎，眼看终点离我们不远了，我们三人相互加油鼓劲一起冲过了终点线，取得了第一名。

　　欢笑和汗水留在我们的脸庞，我们体会到团队合作的力量是大大的。乌南是我成长的地方，无论走到哪里，我都会深深记住乌南带给我的点点滴滴。

家长寄语

　　孩子们携手在乌南走过三年光阴，父母在见证孩子一点一滴成长的同时，更深深感激着乌南的老师们给予孩子的照顾和爱。糖糖，作为一名乌南人，希望你自信、勇敢、快乐、豁达！

教师寄语

　　你是个体贴有礼貌的女孩子，很会照顾别人，也会在意别人的感受；你也是个运动健将，跳绳、攀爬、拍球无所不能，为你点赞！

大 二 班

苏琳雅

美丽的屋顶农场

　　在我们小班和中班的教室楼顶上有一个非常美丽和梦幻的屋顶农场，当我第一次去那里时，我都不想回教室了。

　　在那里我看到好多好多的小苗苗，一行行，一排排。老师说它们都会慢慢长大，就好像我们一样，有些还会结出果实来，我好期待啊！我每天都快快地吃午饭，然后就可以去照料我们班级的那片苗苗。我在那里第一次认识了苦瓜，知道了苦瓜和黄瓜是不一样的，它的表面更加不光滑，我还见到了小番茄，那是我最爱吃的蔬菜，还有薄荷，会发出特殊的气味……

　　马上要离开乌南幼儿园了，我想我会一直记得在这里度过的美好时光，记得我的老师们和同学们，当然还有那片美丽的屋顶农场。

家长寄语

　　时光匆匆，看着你从蹒跚学步，牙牙学语，到现在能快速跳绳，能播报新闻，能唱歌跳舞，即将从幼儿园毕业。爸爸妈妈祝愿你在今后的人生路上能不断学习新的本领，快乐成长！

教师寄语

　　春去秋来，马上你要进入小学了，如同小苗苗已长大。回首过往，聪明可爱的你在乌南留下了许多美好的回忆和瞬间。希望你能带着这些美好、健康成长！

国旗下的演讲

我最自豪的事情就是在国旗下的演讲。

快到中秋节了，这次国旗下的演讲轮到我们班级，我主动报名参加，也很高兴获得了这个机会，我很兴奋，也很紧张，我从来没在大班所有的小朋友面前发过言。我和爸爸妈妈一起准备了台词，每天回到家之后妈妈陪着我将台词背得滚瓜烂熟，背熟之后我在家里反复地排练，在幼儿园里我还同学冯添瑜一起合练，增加默契度。终于到了中秋节的那一周，我在国旗下介绍了中秋节的习俗，并向所有人送上了中秋节的祝福。发言的过程中我声音响亮，口齿清晰，受到了老师的表扬，我高兴坏了。回到家，爸爸妈妈看到了我发言的小视频，都为我开心。

现在我更敢在小伙伴面前说出自己的想法了，我变得勇敢、自信了。

家长寄语

为你有幸成为乌南的一员感到光荣，为你得到这么多与同伴一起学习成长的机会感到欣慰。看到你发高烧仍坚持完成演出，我们担心的同时更为你骄傲，愿乌南成为你最美好的回忆。

教师寄语

你是班级里的小小"女汉子"，不仅运动无所不能，而且还毅力十足，碰到困难不轻言放弃，这是很珍贵的品质，好好珍惜，继续向前！

大二班

姚欣妍

照顾小妹妹

进入大班的第一周便是"红帽檐"活动，我们在老师的安排下分配工作，介绍每个岗位的分工。最终我选择了"安抚员"。当天我便拉着妈妈准备了好多小礼物，希望可以吸引弟弟妹妹们的注意。

活动那天我早早地来到了小四班，看到有个小妹妹在角落里默默地流眼泪，我上前掏出准备好的小贴纸送给她。结果她抬头看了我一眼，就冲我大声地哭了出来，越哭越伤心。我立即慌了，这和我想象的不一样啊！我只能站在身旁帮她擦眼泪。也许她不认识我才会这么害怕，于是我做了个自我介绍，还拿来了班级里的玩具准备陪她玩，感觉到她哭得没那么厉害了。于是我开始给她唱唱歌，说说童谣。就这样不知不觉中她不哭了，还跟着我一起唱起歌来……

看到小弟弟小妹妹们停止了哭泣，我终于松口气笑了，觉得自己长大了，更加明白了如何去照顾别人。

家长寄语

三年幼儿园生活真的看到了你的蜕变，从刚开始的害羞胆小到现在的自信勇敢。感谢老师们辛勤的付出给你创造出快乐美好的童年回忆。

教师寄语

你是一个快乐的小精灵，总是将你的喜悦和热情传递给身边的每个人。喜欢看到你每天笑呵呵的样子，希望你能一直保持着这份快乐和童真！

好玩的幼儿园

记得第一次去乌南的时候我没有哭，一进门要洗手、擦手、张大嘴巴、检查小手，老师们热情地接待着我，提醒我要插小绿牌子、放书包、换鞋子、喝水，太多有意思的事情，我根本没时间去哭。很幸运，最后我成为"来园五件事"的小示范，我认真地做着每一件事情，老师为我拍照，贴在了教室门口。

乌南还有很多丰富多彩的活动，小班的多元文化馆，中班的选择性活动，大班的沙水世界、小厨房……我们玩的活动越来越多。

每个中国节日，我都可以穿漂亮的中国服装，表演有趣的节目，看老师们精彩的演出。在乌南，我可以长知识、长本领，像我们园歌唱的那样，"我有颗中国心，做个世界小公民"。

家长寄语

庆幸选择让孩子读乌南，三年丰富多彩的幼儿园生活，潜移默化中让孩子的血液里滋养了一颗中国心，让孩子的行为上成为世界小公民。

教师寄语

你是个很负责任的小组长，经常看到你提醒自己小组的同伴，自己以身作则，所以你的小组是得到星星最多的，真的很棒，为你点赞！

姚梓宸

古镇探险记

每天我都早早地来到幼儿园,因为我要当第一名,也会得到大家的表扬。

我最开心的事情是去枫泾古镇秋游。在那里,我们分成了几个小组,我是蓝光组的,我们每个组各拿着一张地图去探险和寻宝,我们都有自己的小任务。我的任务是买我最喜欢的蓝印花布,别的小朋友都是红色的,只有我是蓝色的,我很开心。我还买了几只大肉粽,这是我最喜欢吃的食物。枫泾古镇是一个很漂亮的地方。

在幼儿园,我每天最期待的就是和好朋友一起玩角色扮演的游戏。我很开心,每天都很开心。

家长寄语

看着孩子在乌南慢慢成长,每天都有积极的变化,感恩老师们的培养,让她在人生道路上,有了三年的快乐旅途。丰富多彩的课程和体验,让她成为了一个有着中国心的世界小公民。

教师寄语

你的笑容和礼貌令人印象深刻。带着温暖的笑容,每天早晨都会主动和老师、小朋友打招呼,很喜欢这种亲切的感觉,要继续保持哦!

大二班

陆康萱

我是大姐姐

升入大班的第一天，我们班级的小朋友一起到淮海园做红帽檐志愿者，欢迎新加入的小朋友们。那天，我是在楼梯口做引导员，给那些刚刚进入幼儿园的小朋友指路，并提醒他们上下楼梯靠右走，注意安全。我清楚地记得，那天有很多小弟弟小妹妹，因为刚来幼儿园感觉不习惯，于是在上楼的时候都哭了，就像我第一天上幼儿园的时候一样。其中有一个戴眼镜的小弟弟，拉住他爷爷的衣服，不停地哭着说：我要回家。我看到了就走过去，拉着他的手跟他说："小弟弟，不要哭哦！在幼儿园有很多小朋友陪你一起玩一起学本领，每天都很开心的。"听了我的话，小弟弟就慢慢不哭了。这时候，我突然觉得自己长大了，不是刚刚来幼儿园时爱哭的小娃娃了，而是会安慰别人的大姐姐了。

家长寄语

有幸成为乌南的一员，感恩并感谢老师在幼儿园里带给你的成长，我们万分欣慰及欣喜，希望今天你以乌南为荣、今后乌南以你为荣！

教师寄语

你是个特别有爱心的孩子，会帮助老师照顾其他同伴，还会主动照顾班级里的植物和动物。马上要进入小学了，祝福你一切顺利！

大二班

茹 祺

收集四叶草

　　妈妈说，四叶草有四片叶子，代表四件难忘的开心事。要是能集齐四片叶子，就是最幸运的孩子。我闭着眼睛数啊数：我觉得幼儿园里最开心的事情是去沙水世界和同学们一起玩，我们和男孩子一起挖了河，还造了绿洲宾馆，这是第一片。还有就是我当上了队长，大家会听我说话了，这是第二片。我喜欢舞狮表演，虽然有点怕，但感觉好刺激哦，幼儿园每次过节都有好玩的活动，池老师还发红包给我们，这算第三片。还有我演了小鱼儿和机器人，会唱中国话，最开心是能化妆。耶，四片很轻松诶！还有还有，我是升旗手，明星小当家；我还上过电视台，做过小厨师；我是Elly的好朋友，还有人叫我加菲猫，我当然不告诉你是谁！在幼儿园难忘的开心事实在太多啦！我爱乌南幼儿园！

家长寄语

　　时光匆匆，转瞬已至毕业季节。从你蹦蹦跳跳、叽叽喳喳的日常，看到了期望中，又超过期望的你——明亮的眼里闪着好奇的光，红扑扑的脸颊常带着蜜一样的微笑。祝福我的女孩！

教师寄语

　　丰富多彩的活动不仅仅带给你许许多多的快乐，也见证了你的成长。很高兴看到你每天灿烂的笑容，要将这份快乐传递给更多的人哦！

朱悠悠

我长大啦

我有一个最好的闺蜜: 周畅吟。午休时, 她的小床就在我旁边, 超安心; 孤单时, 她会拉我的小手与我游戏, 超开心; 欢乐时, 她会与我分享小秘密, 超激动。很高兴, 三年里有她, 让我学会交流; 现在的我, 已是拥有很多小伙伴的悠悠哦。

我胆子很小, 好在班里的男生们特别厉害, 女生们也勇往直前; 和他们相处久了, 让我学会了勇敢; 现在的我, 能够轻易拿下锦江乐园120cm以下的各种刺激活动哦。

我曾经什么都不会, 但三年里幼儿园有做饼干、做月饼、包粽子等活动, 我学会了动手; 现在的我, 还会帮外婆做家务哦。

幼儿园三年即将结束, 真的感谢各位老师们和小朋友们的陪伴与帮助, 我会永远记住这美好的回忆!

家长寄语

亲爱的悠悠: 幼儿园生涯即将结束, 我们见证了三年来你点滴的成长; 你善良、勇敢、坚强, 作为父母我们深感欣慰与自豪, 未来的路还很长, 愿你今后的每一天都能健康快乐。

教师寄语

三年中, 你变得开朗、自信, 也收获了珍贵的友谊。幼儿园的快乐时光即将结束, 未来的生活会更加多姿多彩, 祝福你。

大二班

谢沁琳

乌南和我

不知不觉，我就要升入小学了，可是在乌南的记忆实在太美好啦，我真不想和美丽的乌南幼儿园道别。我的眼前浮现出了我们在乌南度过的美好时光。在这里，我和老师同学们一起做游戏、学习、唱歌、画画。在乌南，我的生活每天都是如此的充实快乐，但是快乐的日子又总是如此的短暂。

还记得，我们在操场上和小朋友一起玩捉迷藏的游戏，我大气都不敢出，在他们快找到我们时，我们再悄悄地转移位置，那种感觉既刺激又兴奋！我们在一起玩老鹰捉小鸡，老师像保护天使一样让我们一次又一次躲避危险。

我们每天在这种快乐之中长大，即将要和美丽的校园说再见了。我一定会继续努力学习，团结同学，尊敬师长，常回乌南看看。

家长寄语

此时此刻妈妈心情百感交集，宝贝即将从幼儿园毕业，在这里学到了许多知识，学会了很多本领。希望你能继续这么阳光、快乐、身心健康成长！也希望乌南能够继续不忘初心，桃李满天下。

教师寄语

还记得第一次上乌南电视台时那个自信大方的你，讲起故事时特别专注，故事也讲得特别生动。祝福你，愿你永远快乐、阳光！

难忘北京周

我们大班的小朋友参加了一个非常有意思的活动，叫作"北京文化周"。

为了准备参加这个活动，我们早早地了解了首都北京的文化，做了调查问卷，还和大家一起分享。我们班的小朋友们介绍了关于北京的建筑、北京的历史、北京的文化和风俗等内容，我们还一起热烈地讨论。爸爸也特地给我买了一本漫画书叫《北京寻宝记》，我迫不及待地全部读完啦。在活动的闭幕式上，有一位老师还为我们介绍了京剧，我也上台唱了一段"今日痛饮庆功酒"，大家都拍手叫好，园长妈妈给了我一张京剧小贴纸，我非常开心！

我虽然没有去过北京，但是通过这个活动，我对北京的了解可深了！我也好希望有机会去天安门看升国旗仪式，把我们的国歌唱得雄壮！响亮！

家长寄语

三年来，我们看见你每天都很快乐、很努力也很充实。幼儿园安排的活动丰富多彩，既锻炼了你的能力也培养了你的品格，希望你以后能保持阳光开朗、积极向上、大气谦和，成长为一个男子汉。

教师寄语

你是个喜欢看书的小男孩，看书时你专注的眼神很有魅力，你总会从书中学到很多的知识，然后分享给小伙伴和老师们，这个好习惯要继续保持哦！

小苗成长记

时间真快，就像玩滑滑梯一样，马上我就快要毕业了。还记得第一次顾老师、金老师来家访，我躲在妈妈身后，对陌生的幼儿园环境感到害怕。在幼儿园里，老师拉着我的小手，我第一次学会了自我介绍，参加了乌南小广播，学会了大胆讲故事……听到小朋友们鼓励的掌声，我变得更加自信。在顾老师、池老师的帮助下，我变成了班里的运动小健将。在这个温暖的大家庭里，我学会了自己的事情自己做，也通过值日生的工作懂得要帮助别人，管理小植物、爱护小动物。我舍不得好朋友、舍不得照顾我的老师们，我的小调皮和不懂事，让你们操心了。在你们的爱护下我变得越来越好！乌南幼儿园，我爱你！

家长寄语

小小的你经过了幼儿园的学习生活，已经苗壮成长。高了！壮了！也懂事了！离不开每位乌南老师的悉心栽培，我们为你感到骄傲。愿你将来越来越好健康快乐地成长。

教师寄语

你已经长大了，看到你充满活力地运动、自信地举手发言，真的为你感到高兴，为你点赞！也相信马上要进入小学的你会越来越棒！

大三班

Domestic
Senior Kindergarten
Class 3

我是『妈妈』

在乌南，我最爱角色扮演游戏了。在游戏中，我最喜欢当"妈妈"，我有一个很漂亮的"女儿"，还养了三条有特异功能的"宠物狗"，它们都是我的好朋友扮演的。

每天，我会带着"女儿"和"宠物狗"去公园散步，晒太阳，有时还会带她们去海滩挖沙子、捡贝壳。"宠物狗"病了，我很难过，赶紧带她们去看医生。中秋节快来了，我用橡皮泥制作了不同口味的月饼给"女儿"和"宠物狗"吃，看到她们吃得特别香，我可开心了！有一次，我的"小宠物"因为一件小事和"警察"发生了争执，"宠物们"很聪明，最后用机智化解了这场矛盾。

今年六月，我即将从乌南毕业。虽然毕业后我不能在这里继续玩角色扮演游戏了，但在我的心里，乌南是我永远的家，我永远是家中的"妈妈"。

家长寄语

我们看见你健康快乐地成长，看见你越来越自信，希望未来的你能创造和成就最好的自己。感谢乌南，三班有幸！

教师寄语

你是一个自信的孩子，是同伴眼里暖心的文文姐姐，总会耐心地把自己的好办法分享给大家。即将成为小学生了，愿你勇敢地面对成长，实现自己的梦想。

大三班

何倚晴

我当导演啦

大班的时候，我们进行了"臭臭"项目组的活动，我报了名并成为了广告拍摄的导演一职，我真是太高兴了！

每天我早早就来到幼儿园，为广告写脚本。在写的过程中，我有时不知道该怎么写，这时，老师就会告诉我一些好方法。脚本完成后，我就和组员们分配工作啦！道具组要根据脚本制作所需要的道具，小演员们要练习台词、动作、表情和走位。我一边帮小演员们排练，一边指挥各项工作，还要处理突然出现的各种小状况，我觉得：做导演真是一件很难的事情啊！

作为导演，我真是又累又开心，还总结了不少经验教训。如果以后还有机会做导演的话，我就能做得更加顺利啦！

家长寄语

小导演，我一路见证了你和所有组员的努力，太棒啦！乌南幼儿园极其重视孩子的能力培养，老师的开放创新教育更是让我们看到了孩子们无可限量的未来，让人充满期待！

教师寄语

你敢想、敢说、敢问，有条理性，会计划，做好力所能及的事。继续加油，勇往直前吧！

我是小小广播员

中班下学期，我接到了一个光荣的任务：代表中三班参加广播电视台的小广播活动，介绍我们的乌南幼儿园。回到家里，我马上把这个好消息告诉家人，大家都为我感到高兴和骄傲。可接下来当我看到讲稿时，我就害怕了，这么多的话我怎么记得住啊！

一开始，我真想放弃，幸好有老师和妈妈一起帮助我，鼓励我。我和妈妈想了个好办法，妈妈扮演我的搭档，两个人就像聊天一样把稿子讲述完，我觉得也没有那么难了。最后，我和伙伴们一同自信地走进广播电视台，顺利完成了这个任务，我体会到了成功的快乐，以后我再遇到困难的事，一定不会轻易放弃的。

家长寄语

乌南给了孩子很多的第一次，让孩子在一次次的挑战中战胜自己，建立自信。相信毕业后的孩子们每每想起三年快乐时光时都会大声说出：我是乌南娃。

教师寄语

你是大家眼中的小画家，无数次我们一起分享作品时，都会听到"哇"声一片。你笑容很美，充满阳光，给班级里的小伙伴们带来了不少欢声笑语。愿你像那小小的溪流，一路奔腾，勇敢地面对未来的挑战。

春暖花开

在乌南的第三个春天，我参加了幼儿园组织的"春暖花开"爱心义卖活动。我带着用心挑选的拼图和卷帘钢琴参加了学校的爱心义卖。一位爷爷看中了我的卷帘钢琴，他一直拿在手里。很快，我的拼图也被另一个小朋友和家长买走了。还没怎么叫卖，我的礼物就都顺利卖出去了，我心里非常开心！有了爱心善款，我就可以和其他小朋友一起将善款捐给特殊学校的小朋友了。早早卖完玩具的我，也不忘帮其他小朋友一起叫卖。义卖活动太好玩了，以后我还想参加，把我的东西分享给需要的人，把我的爱传递出去。

乌南幼儿园是个最有爱的大家庭，我们都是有爱的小朋友。

家长寄语

亲爱的宝贝，在乌南的三年，你学会了向身边的人传递爱，与需要的人分享爱。爸爸妈妈愿你一生有爱，永葆赤子之心！

教师寄语

你的小手很能干，不仅能折剪出漂亮的纸工，精致的剪纸，还能创造出一幅幅美丽的画作。愿你健康快乐成长，画出多姿多彩的明天！

一杯爱心茶

在幼儿园大班的每一天都是快乐且难忘的，让我印象最深刻的是我的姑姑走进我们的班级，向小朋友们分享茶艺文化的活动。

那天，我们每个小朋友都身穿传统服饰来到幼儿园，我们好奇地听着姑姑讲解茶文化的故事。姑姑给我们讲了茶叶的种类和特点，以及保存的方法。她还生动地分享了茶的冲泡技巧，原来泡茶不是那么简单的事情，姑姑热情地与小朋友一起现场煮茶，品茶和喝茶。我和姑姑一起按照奉茶礼给每一位小朋友奉茶喝，内心非常高兴和自豪。

通过这次茶艺活动，我们不仅学习了丰富的茶文化知识，还感受到了茶艺的魅力，原来大自然的一切都那么神奇美妙！

家长寄语

乌南的学习生活如此的丰富多彩！"一杯爱心茶"活动不但让孩子们了解了茶，也激发了幼儿为身边人泡茶的兴趣，乌南的孩子是多么的幸福呀！为老师点赞！为乌南点赞！

教师寄语

你和朋友在一起欢声笑语，善解人意、有礼貌，还大胆挑战了故事比赛，获得了佳绩。愿这份自信将伴随你美好的小学生活。

大三班

朱子佩

我是你的骄傲

眨眼间我不再是小班的"新人"，而是大班的小姐姐了。这一年里，让我印象最深刻的就是播报新闻了。我不喜欢在大家面前表现自己。所以，讲新闻就成了我大大的"心病"，更成了全家的"大事"。

说新闻可不是一件容易的事。刚开始我总是很紧张，担心自己会播不好。但在妈妈和老师的鼓励下我学会了很多播报的好办法。如今，新闻播报已经成了我的爱好。我播报新闻的内容也从小段变成了大段，播报新闻时感觉自己就是新闻主持人。

更没想到的是，我勇敢地参加了好灵童比赛，虽然只晋级到复赛，可妈妈的笑脸告诉我：我是她的骄傲！

家长寄语

在乌南的学习和生活，令孩子各方面都有了改变，让我感到由衷的欣慰。感谢乌南，给了孩子一个锻炼勇气、丰富知识面、培养表达能力、增强自信的机会。

教师寄语

你总是努力地做好每一件事；你还是一个很会管理物品的孩子，每次使用后都能物归原处。你具有良好的学习习惯，加油吧，相信自己，你是最棒的。

独特的勇气

　　小班的时候，妈妈说我是"独行侠"，因为我爱我自己的小世界，喜欢沉浸在自己的世界里。中班有一次，当所有小朋友都在台上向客人老师展示本领的时候，我没有上台，我只是告诉石头老师："我的身体告诉我她很害怕。"石头老师就静静地陪我一起坐着。

　　大班开学的第一天，幼儿园所有的小朋友都聚在一起看老师们的节目表演。当一位老师表演新疆舞的时候，虽然我的身体还是告诉我她有些害羞，可是我觉得整个幼儿园里我跳的新疆舞最好，而且我会更多的动作，所以我就一人跑上舞台和老师PK新疆舞。当我跳舞的时候，大三班所有的小朋友和老师都在喊我的名字，为我加油，为我鼓掌。我好开心，感觉自己是舞台上的艾莎公主，我的身体也告诉我她不害怕，不害羞了。

家长寄语

　　宝贝，你是上天送给我们最好的礼物。你总能让周围的人看到一个更温暖、更有趣的世界。爸妈希望你永远保持一颗探索世界的心，在我们老的时候还能给我们讲那些有趣的故事。

教师寄语

　　你带大家走近了新疆文化，感受到了中国文化的多元；你乐意分享新奇事物，给大家增添了无限的欢乐。你变得大方自信了，敢于大胆表现自我。愿你勇往直前地探索未知的道路。

睡午觉的故事

刚进幼儿园的时候，我是一个从来不睡午觉的小朋友。

小班开学的第一天，我高高兴兴地来到幼儿园，认识了很多新朋友。到了午饭时间，看到了我不喜欢吃的肉时，我就开始想妈妈。要睡午觉了，这时我就更加想妈妈了。

石头老师看出了我的小心思，她不但没有批评我，反而带我去外面转了一圈。我们见到了保健老师，保健老师告诉我说："小朋友要睡午觉才会健健康康的。"经过三年的幼儿园生活，我不挑食了，还养成了睡午觉的好习惯。在家里，我也敢一个人睡觉，爸爸妈妈都觉得我是一个特别勇敢的好孩子。

家长寄语

菲菲，你也许不是最优秀的，可是爸爸妈妈希望你是最快乐的。即将步入小学，愿你在新的环境里茁壮成长，加油！

教师寄语

懂礼貌，会谦让，眼睛里充满智慧的光芒，你关爱着身边人，总是第一时间帮助别人。愿有爱的你能实现自己的梦想。

孙诗文

我上乌南电视台了

大班时，我们开始了乌南电视台的活动。我是又期待又紧张。因为我很想看看乌南电视台长什么样子，但又有点害怕，不知道该讲些什么。这时候，老师告诉我们，可以把自己最擅长、最美好的一面展示给大家。我是个很爱美也很喜欢舞蹈的女孩子，就给大家表演舞蹈吧。

终于，在紧张的期待中，我迎来了第一次的上台。我穿着美美的舞蹈服走上了舞台。在简单的自我介绍后，熟悉的音乐响起。我翩翩起舞，完全忘记了紧张，忘记了害怕。下腰、转圈、压腿，我越跳越顺利，越转越开心，完全忘记了自己还在舞台上。突然，音乐停止了，我也停下了我的舞步。抬头一看，老师和同学们都对我露出了甜甜的笑容。我知道，我成功了。

家长寄语

宝贝虽然你有点害羞，有点慢热，但是这三年，幼儿园、老师给你提供了很多锻炼的机会和平台，让你变得开朗、自信。我们相信你会带着这种自信，继续进入小学。

教师寄语

你有许多好朋友，看到你在活动中认真专注的模样，老师由衷地为你点赞。愿你带着大家的祝福，如小鸟展翅高飞，如花儿绽放自我。

大三班

杨子函

我的好姐妹

记得第一次踏入乌南校园时，我有些兴奋又有些害怕。幼儿园很大、很美，到处都是有趣的玩具，可是第一次那么长时间离开爸爸妈妈，又觉得好孤单呀……

过了不久，我发现了和我有相似感受的女孩——恬恬，我们聊起了天，发现我们有好多共同爱好，于是，很快我们成为了好朋友。之后的小班生活中，我们一起吃饭、一起游戏、一起完成小任务，连上厕所都要手拉手一起去。大人们说我们俩就像"搭壳蛋"。

经过中班和大班的学习、生活，我和恬恬的友谊更深厚了，无论是什么活动，每次遇到困难我们都会互相帮助、鼓励对方。虽然有时因为意见不同，我们也会吵嘴，但最后总能理解对方，变得更加友好。

这就是我们"搭壳蛋"好姐妹的故事，愿你也找到你的"搭壳蛋"。

家长寄语

能找到"搭壳蛋"朋友是非常幸运，也是非常幸福的！祝愿你们的友谊能一直保持下去，成为一辈子的好朋友！

教师寄语

你乐于助人，总是愿意帮助自己的朋友；你聪明机智，总有一些独特的见解。宝贝，我们真为你自豪，你一定会越来越棒的！

我是小帮手

爸爸妈妈陪着我来到乌南幼儿园小三班，我发现老师们说话好温柔，教室里也有很多有趣的玩具，觉得幼儿园没有我想象的那么可怕。

在刚进入幼儿园的一段时间里，有些同学很容易哭。我想，他们可能觉得幼儿园陌生所以才会这样吧。如果我和他们做好朋友，他们就不会哭了。于是我就主动上前，与他们一起说说话、分享有趣的玩具，还一起唱老师教的儿歌。渐渐地，我和他们成为了好朋友，他们因此不再感到紧张和陌生，也不再哭了，可以跟同学们一起开心地玩耍了。

在以后的日子里，只要有人哭，我都会主动前去安慰他们，我成为了大家的小帮手。

家长寄语

乌南幼儿园的环境和老师们能让孩子们觉得，这是一个温暖的大家庭，让孩子们能主动融入其中。很幸运我的孩子能遇见乌南。

教师寄语

你乐意照顾有困难的伙伴，耐心地帮助大家，是大家喜爱的小帮手。愿这一份爱陪伴着你走进小学，收获更多的友谊！

熟悉的新年老公公

　　我还记得从小班开始，我们三班的同学们每年都在一起过好几个节日，有时连爸爸妈妈、爷爷奶奶、外公外婆也会一起来，特别热闹!

　　小班的时候，我们参加了一次迎新年活动，那天，我们穿着统一的红色漂亮衣服，给爸爸妈妈们跳了舞蹈《小雪花》，展示了器乐合奏的本领。有的爸爸妈妈还给我们做了好吃的东西，我们还教会他们怎么一起跳舞，真的太有趣了! 我们像一个超级大家庭，我感觉好幸福。

　　那天，连新年老公公都来了! 他给每个小朋友都带来了礼物。直到前段时间，我才知道原来那天的新年老公公是我爸爸扮演的。怪不得我之前一直在想，为什么这位新年老公公有点眼熟呢?

家长寄语

　　宝贝，在爸爸妈妈的眼里你是最温暖善良的人，也是上天赐予我们最好的礼物。希望你能永葆这颗真挚的童心，在纷繁的世界里做一个最纯的"孩子"。

教师寄语

　　三年的幼儿园时光，让你从一个害羞的小宝贝成长为一个能独立自信地在集体面前展示自己的小女孩，为你的成长感到自豪! 继续加油!

大 三 班

丁子萱

我是红帽檐

　　记得小班刚进幼儿园的时候，有一群带着红帽子的大哥哥大姐姐在幼儿园帮助我们。他们走进我们的教室，给我们带来精彩的表演和各式各样的小礼物。去年，我们终于也成为大班的哥哥姐姐了，终于有机会为小班的弟弟妹妹们服务了，我感到特别光荣。

　　那天，我早早地来到亲子书吧，迫不及待地想做好一名"红帽檐"志愿者。"红帽檐"有许多工作，我是迎宾员，要站在大门口欢迎弟弟妹妹来乌南，还要提醒他们入园刷卡。等所有小朋友进入教室后，我们还走进了教室，为他们表演节目并送上准备好的礼物。原本有些哭闹的弟弟妹妹们看到我们带来的节目和礼物都露出了甜甜的笑容。

　　虽然到最后嗓子也说哑了，但我一点也不觉得累，看到他们开心的样子，我心里十分满足。我为我们可以成为"红帽檐"的一员而感到骄傲。

家长寄语

　　"红帽檐"活动培养了孩子们的责任感、归属感和同理心。通过这个活动，我发现孩子真的长大了，不知不觉中已经变成了一个有爱心和责任心的小大人了。

教师寄语

　　看着你一天天成长起来，变得更开朗、更活泼、更能干，老师由衷地感到欣喜。愿你一直保持灿烂的笑容面对挑战，拥有美好的未来！

张可遇

广播台的体验

　　中班的时候，我代表乌南幼儿园到上海广播电视台去录制节目。当时我和我的搭档——钱威屹一起播报了一段关于乌南幼儿园"爱在春暖花开"慈善义卖活动的新闻。

　　排练稿子的过程并不容易，要把那么长的内容一字不落地背出来，中间花费了不少心思。然而，付出还是有回报的。在电视台正式录播的时候，我和我的小伙伴都发挥出色，播报过程特别流畅。爸爸在990广播中听了这期节目后，夸我的播报"一气呵成"。

　　这次广播电台的初体验，让我感觉——"哇，原来广播台就是这样的。"而且台里那些专业的耳机、话筒、调音设备都让我觉得好新颖，好有趣。想到我的声音能从这里传递出去，让大家都能够听到关于乌南的故事，我也成了乌南的小小代言人，我感到特别自豪！

家长寄语

　　乌南三年，是一场美好的"遇见"。愿你用感恩的心记住，你成为"社会人"的第一程以及伴你成长的每一位。带着他们给你的智慧、爱和正能量开启新的旅程。

教师寄语

　　笑容是你拥有友谊的法宝，好奇是你乐于探索的动力。希望在未来的日子里，保持你的微笑，接受未知的挑战，愿你的未来更美好、精彩！

夜宿幼儿园

我印象最深刻的就是夜宿乌南啦。

从活动前的一个礼拜，我就开始数天数，终于等到了夜宿的那天，我带着准备好的睡衣、牙具、手电筒等，第一次在傍晚进了乌南的校门。我们在大舞台上走秀、做游戏，一起顺利完成了游戏任务。我们看了电影《博物馆奇妙夜》，精彩幽默的剧情令我们哈哈大笑！我们不怕黑夜，拿着手电筒玩夜间探险；最兴奋的是玩了枕头大战，听了爸爸妈妈给我们的寄语，我们是又高兴又感动。从睡眼朦胧到酣睡入眠，隐约中我们看到老师们还打着精神照顾我们，还有守护安全的门卫叔叔，他们都像天使一样保护着我们，让这个夜晚充满了快乐和温暖！感谢乌南幼儿园，感谢殷老师、沈老师和宗阿姨，是你们让我们健康、快乐地成长！不管我们以后到了哪里，我们都是乌南人！

家长寄语

幼儿园生活，是小朋友心中的一粒种子，从小班入学开始，就种下了萌芽和成长；结缘乌南，是全家心中的一股清泉，从一点一滴的情感与回忆，汇聚成了对学校、老师和家长的涓涓感谢！

教师寄语

你是一个爱笑的男孩，总是笑眯眯地和我们分享游戏中的趣事，转眼你已经茁壮成长。愿你能带上我们的期盼和祝福，自信地走进小学，迈向人生的新起点。

我爱运动

一年一度的运动会又开始了! 这次我又报名参加了跑步比赛。

小班的时候, 我参加了跑步比赛。那一次, 我一开始跑得很快, 终点还没到, 我就减速了, 拿了第二名。

到了中班, 比赛一开始, 我就拼尽全力向终点的彩旗跑去, 第一个撞上了终点的彩旗, 为中三班拿到了金牌! 我跳了起来, 不停地挥舞着拳头, 别提有多高兴了! 中三班的小朋友们也喊着我的名字: "阿信! 阿信!"

我热爱运动。我期待每一天早早来到操场上参加各种运动: 拍球、抓杠、跳绳、攀爬架、踢球; 我很喜欢潘老师给我们上的运动课, 他总能想出各种游戏! 我还期待每周的选择性活动, 因为可以和我的好兄弟们一起踢足球!

运动, 是我的最爱!

家长寄语

在乌南幼儿园里的每一个日子都是丰富、充实、快乐的。它让你养成好习惯、学会思考、积极向上、自信满满。这是童年时光里最宝贵的时光和收获。

教师寄语

脸上时常洋溢着快乐笑容的你, 是大家心目中的好伙伴。聪明、好学, 就像名字中的"信"字, 愿你拥有信心, 勇往直前!

难忘的比赛

　　中班的时候，我们四个"好兄弟"组队参加了上海市举办的乐高比赛，此次比赛的主题是"海洋奇幻世界"，老师和我们一起构思了故事"未来水世界"，我们分别扮演建筑师、动物学家、海盗和陆地最后的人类幸存者，故事讲述了我们是一群因为地球气候变暖而被迫进化，生活在海底的人类，偶然找到了一条海底电缆，和陆地人类取得了联系，得知了地球的现状后我们决心要保护地球，重返陆地家园。

　　我们设计了自己的海底家园，带着激动兴奋的心情闯入了决赛，但是决赛的竞争非常激烈，最后我们的"未来水世界"获得了三等奖。通过这次比赛，我不仅在乐高搭建上学到了很多，更体会到了团队合作的重要性，如果有下次机会，我一定会更加努力，做得更好！

家长寄语

　　亲爱的张钱澄，恭喜你从乌南毕业了。希望你继续保持一颗善良的心，用清澈的眼睛看待这世界，永远保持一颗好奇的心，用开拓的目光迎接未来的千万种可能。我们永远爱你！

教师寄语

　　你是个满怀好奇心并热爱探索的孩子，喜欢问为什么，也喜欢主动尝试寻找答案。坚持你的兴趣，通过不断的努力，你一定会收获更多！

神奇的『变脸』

　　我在乌南最难忘的是一堂神奇的"变脸"课。老师先给我们看了一段视频，有一个表演的人，穿着漂亮的衣服，戴着一顶奇特的帽子，脸上蒙着面具。他每次一转头，再回过头来，脸上的面具就换了。他能变好多次脸，各种颜色的，很神奇。看完后老师告诉我们，其实不同颜色的"脸"是代表不同的人物，比如白色的脸就是"丑"，就是个小丑一样的角色。

　　这次寒假的时候我去了四川成都，知道了"变脸"是川剧里面的一种表演方式，还现场观看了"变脸"的表演，非常好看。

　　我们中国的文化里，真的有好多神奇的东西呀！

家长寄语

　　乌南一直关注让幼儿领略多元文化之美，让幼儿从小就能接触到丰富多彩的国内国际文化元素，开拓了视野。乌南的孩子，个个都是百科全书！

教师寄语

　　好问、好学、好探究是你获得本领，不断进步的动力。未来还有很多新的事物等着你去发现，愿你进入小学后，会有更加出众的表现！

我掉了第一颗乳牙

我在2019年大三班的迎新晚会上掉了第一颗乳牙。当时那颗乳牙已经松动快一周了。记得班级老师们已经开展了多次关于"换牙齿"活动，但我还是有点紧张，不知道牙齿什么时候会掉，希望它慢些掉落。

迎新晚会上，我和小伙伴们围在舞台中央跑着、跳着，已经忘记了那颗牙齿的存在。突然，我的下巴不知跟哪个小朋友蹭了一下，嘴里好像有东西掉了，我赶紧紧张地用舌头舔了舔，啊！那颗牙齿不见了！

老师知道了，并让所有小朋友一起帮我找牙齿。不一会儿，牙齿就找到了！小朋友们好奇地上前观看掉下的乳牙是什么样子的。有的小朋友跑过来恭喜我长大了，有的小朋友跑过来表扬我没有哭，还有小朋友的妈妈过来给我一块金币巧克力作为礼物，我真的非常开心。

家长寄语

庆幸在孩子成长的人生路上有老师们的指引，有家人长辈的关怀，还有小伙伴们的帮助。

教师寄语

你是大家眼中可爱的"毛毛熊"，进入大班后，你更加自信、开朗，经常会有出色的表现，收获着成长的快乐与幸福。为你点赞！

一个『理工男』的梦想

老师说我是标准的"理工男"，因为我非常喜欢研究马路上的交通工具。其中，最感兴趣的便是搭建"复兴号高铁"和"71路公交车"了，我难忘的故事就发生在这里。

我喜欢在角色游戏时扮演公交车司机，我还曾驾驶着"71路公交车"带着小朋友们去过很多地方，我的"71路"从外滩开往申昆路枢纽站，一路上经过了很多站点。和我一起工作的还有我的朋友"售票员"蒋理，搭乘过的"乘客"有娃娃家的"姐姐"骆欣妍、小超市的"工作人员"陈恺易，还有总是扮演"警察"的张扬易，他们都夸我驾驶的71路很稳，每次都能安全地到达目的地！我想：等我长大以后，我要成为一名设计师，设计在空中飞行和海底行驶的高速铁路，它们不仅能够快速安全到达任何一个国家和城市，还要节约能源。这样就能让更多的小朋友快速、安全、绿色出行啦！

家长寄语

乌南，是一个和小朋友和谐共进的地方，在这里，你播种下友谊的种子；乌南，更是一个自由放飞梦想的地方，在这里，你根植下可持续的力量！

教师寄语

难忘你介绍上海地铁换乘线路时的情景，如数家珍，让我们为之惊叹！愿永葆一份爱观察、善发现的好奇心，探索未来更多的秘密。

贾意清

新闻播报

中班开始，我们每周都会准备一个新闻播报与大家分享。新闻播报对我来说是件很头疼的事情，提前几天我就要开始准备新闻材料，如果准备得不充分，上台讲的时候不是忘词，就是紧张得扭着衣角。

后来老师跟妈妈聊了新闻播报如何准备的事情，妈妈知道了要从我理解的东西里找内容。有一次我们去了乌南幼儿园的欧洲馆玩，我被屋顶上的一幢建筑吸引了，于是我想给大家介绍这个美丽的大教堂。可是我没有去过欧洲，这可怎么办呢？

这回妈妈想了很多办法，因为要讲神圣家族大教堂，她首先带我去了佘山天主教堂，让我了解了教堂是一个有着尖尖顶的房子，她还和我一起搭建了大教堂的三维模型，看了视频。当天我讲得好极了，同学们还提出了许多问题，我也能一一回答。从这之后，我对播报就越来越有信心了。

家长寄语

孩子，很有幸在你人生之初遇见乌南，它帮助你踏出自信第一步，一点一滴蜕变突破，希望你能在未来收获更好的自己！

教师寄语

从小班时的胆怯到大班的勇敢、自信，老师们由衷为你的成长感到骄傲！成长路上还有很多挑战，相信你会勇敢迎接，收获更多本领！

大三班

毛翼尊

礼物

　　我最难忘的事情是古镇秋游时有了第一次使用零花钱的经历。一共30元，我先给自己买了超酷风火轮，再给妈妈买了粉色糕点，妈妈最喜欢粉色，而且糕点有8块，家里每人一块刚好。随后我花了5元钱给爸爸买雪糕，因为妈妈怕我咳嗽，平日不让我吃，只有老爸会偷偷带我出去吃，还说这是男子汉之间的秘密，所以我也答应他多吃蔬菜多运动，不咳嗽不感冒，守护我与老爸的小秘密。最后我给老师、导游阿姨还有司机叔叔买了饮料，他们特别辛苦。回到家后，我发现书包里的雪糕融化了，我难过极了。妈妈安慰我，并把雪糕重新冰冻起来。到了周末，我不仅和爸爸妈妈一起分享了雪糕，也把从古镇带回来的糕点分享给爷爷、奶奶、外公、外婆吃，我也吃到了一口，真甜真好吃。

家长寄语

　　宝贝，看似小小的你，心中却藏着大大的爱，爱师长、爱家人、爱朋友，爱所有关爱你的人们。衷心感谢乌南幼儿园大三班这个集体教会了孩子爱与感恩。

教师寄语

　　你像一个大哥哥，不仅乐于帮助团队伙伴，还会贴心地提醒他们哪些事没有做好。愿你这个小暖男在成长的路上收获更多美好与快乐！

大三班

钱威屹

我是小小升旗手

我最难忘的事情是我们成为了大班的哥哥姐姐，可以给弟弟妹妹们做榜样。更高兴的是，我们可以担任升旗仪式中的升旗手了！我做过升旗手也做过护旗手，不过我更喜欢做升旗手，因为可以戴着升旗手专用的帽子，戴上这顶帽子就觉得自己像解放军叔叔一样，特别神气！最为关键的是，可以自己亲手拉着旗绳，看着五星红旗一点点升上去，就好像升进了云朵里一样，非常漂亮。我虽然没有去过北京，但在电视里，我看到过天安门前的升旗仪式，每当我升国旗的时候，就觉得自己像在天安门升国旗一样，我为自己感到自豪！

家长寄语

每天清晨的升旗小仪式，浓浓的爱国热情深深地扎根在孩子们懵懂的心里。乌南不失仪式感的"必修课"让孩子们从小树立责任意识，懂得感恩，充满对祖国的归属感。

教师寄语

喜欢你每一次的新闻播报，不仅海报制作完整，而且表达很清晰，看得出你的用心与认真。你也是一个计划性很强的孩子，能按照自己的计划执行。加油，孩子！

大三班

张扬易

我想做警察

我第一次来幼儿园的时候，谁也不认识，只觉得有些害怕和紧张。后来，我认识了很多新的朋友，我们还组成了"八兄弟"。

一天，我的好兄弟周翰晨对我说："我们来扮演'警察'吧。"就这样，在整整两年的角色游戏中，我们都在当"警察"。我们分清了好与不好的行为，抓住了很多"坏蛋"。有的"坏蛋"在玩万能工匠的扭扭棒时，不是拿一根用一根，而是一下子拿出很多根，还把棒子散在地上；有的"坏蛋"当了"消防员"，却随便用消防斧头砸房子，破坏公物；还有一些"坏蛋"想"欺负""好人"，我们马上用"摄像头"把这些坏行为都记录下来，然后就可以知道到底是谁做了坏事。

我长大以后也想做一名人民警察，帮助别人，让自己变得更善良、更勇敢。我爱我的幼儿园！

家长寄语

如果让我给"幸运"加一个注解，那么她就是"乌南幼儿园"。在这儿的时间里，每一分每一秒，我都能从孩子的身上感到无比的幸福，她的能量也将鼓舞我和我的孩子一直向前走下去。

教师寄语

你总是能结交到很多好朋友，你也愿意与他们分享自己的小故事！愿热情开朗的你在成长的路上收获更多珍贵友谊。

秋
游
中
的
『
拔
萝
卜
』

中班秋游活动的那天，我们乘着大巴士来到一个农场，老师告诉我们，每个人可以拔一个萝卜带回家。

我决定，要拔一个大大的萝卜。找呀找，我终于找到了一个。我抓着萝卜的叶子，用力往上拔。可是，萝卜牢牢地扎在泥土里。于是，我请杨子函帮我一起拔，可是，萝卜还是一动也不动。不久，大家准备集合离开了，可是我的萝卜还没拔出来，我好着急啊！这时，宗阿姨送了我一个萝卜。我一看，它比其他人手里的萝卜都要大，就开开心心地把它装进了书包里带回了家。

我觉得，那天的经历有点像《拔萝卜》的故事，只是我没有像故事中的老爷爷那样找到更多的朋友来帮忙——看来，人多力量大，大家同心协力才能克服困难！

家长寄语

生活中处处蕴藏着哲理和智慧，乌南给了你发现它们的能力和机会。宝贝，愿你尽情地用心、用眼、用脑，去观察、感受、探索这个丰富多彩的世界！

教师寄语

恺恺，你的《风娃娃》故事给大三班的老师和小朋友们留下了深刻的印象，我们由衷地为你的自信大方感到高兴！愿你继续做个爱讲故事的小朋友，给身边的人带去快乐与美好！

学当一天兵

　　在乌南，我印象最深的一件事就是学当一天兵。那天，我穿上了期盼已久的迷彩服军装，妈妈为我戴上大红花，我成为了一名光荣的"小解放军"。我和伙伴们在军营里，练习队列操，比赛爬草地，学会了扔"手榴弹"，还拿上了机关枪呐! 最有趣的就是"打坏蛋"游戏啦! 一些老师扮演"敌军"，我们则是勇敢的"解放军"，"解放军"比的不仅是力气，还要用智慧和集体的力量，合力打败"敌军"，最后当然是我们赢啦!

　　虽然天气很热，但没有一个人叫苦喊累，大家都咬着牙坚持完成了所有训练。我们学到了许多当兵的知识，也知道了解放军叔叔为了保卫国家是很辛苦的。我以后一定要像解放军叔叔那样，不怕苦、不怕累、遇到困难不退缩，为我们亲爱的祖国而努力学习!

家长寄语

　　从小班开始，宝贝就在乌南学会了唱"我是小小兵"，直至上了大班，终于扛起枪，真正成为一名小小兵，其中的成长过程让人感慨万千。在活动中，宝贝首次体验军营生活，既锻炼了身体，也加深了集体意识和大局意识，有了小男子汉的样儿了，爸爸妈妈为你骄傲!

教师寄语

　　你对周围事物充满好奇，也总是喜欢探究一些新鲜事。谢谢你的认真和钻研精神，愿你继续用好奇和热情点燃更多学习激情!

大三班
蒋理

我是园长爸爸

幼儿园里的龚园长，是我们的园长妈妈，她就像妈妈一样爱护关心着我们，但我一直很好奇"园长爸爸"是谁呢？有一次，我问园长妈妈："'园长爸爸'是谁？"园长妈妈被我的问题逗乐了，"乌南幼儿园还没有'园长爸爸'哦！"于是我鼓起勇气说："那我想当'园长爸爸'可以吗？"谁知园长妈妈竟一口答应了。

我当上"园长爸爸"的第一个任务就是向客人老师们介绍乌南幼儿园。我决定把乌南幼儿园三个分部最好玩的地方介绍给他们。这可是一项艰巨的任务，在妈妈的帮助下，我把介绍背得滚瓜烂熟。记得那天早上，大礼堂里坐满了客人老师，我骄傲地站上舞台，大声地介绍我的幼儿园。在台上的我有些紧张也有些激动，当我顺利地讲完，台下响起了老师们的掌声！我觉得这是幼儿园里最难忘和自豪的事情了！

家长寄语

亲爱的孩子，你的眼神里充满了对世界的好奇和对未来的期待，让爸爸妈妈想要永远守护。三年乌南的时光幸福而又短暂，你要学会感恩。祝福你宝贝，愿你的人生充满爱和力量！

教师寄语

热爱讲故事的你让我们了解了很多中国传统文学，如《三字经》《唐诗三百首》等。谢谢你的认真与用心，让大三班的每一个人都与你一同进步！愿你继续做一个快乐的"阅读推广人"！

难忘的开学典礼

　　大班新学期的第一天，我们来到了学前部，成为了幼儿园里最大的哥哥姐姐，心中充满了喜悦。更让我激动的是，我被选为幼儿代表在开学典礼上发言。我第一次在话筒前对着全校师生脱稿演讲，心里很紧张。还好有沈老师、殷老师和小石头老师的指导和鼓励，我顺利地完成了任务。演讲中，我回忆了过去两年里我们学会的本领，养成的良好生活习惯；回忆了红帽檐志愿者的经历，还向大家预告了大班会有更多充满挑战而有趣的活动……最后，我代表所有的小朋友，感谢园长和老师们的关心，让我们能够茁壮成长！

家长寄语

　　感谢乌南，感恩老师，用先进的教育理念和无微不至的关心，让孩子们掌握了有用的知识，收获了珍贵的友谊，变得更加坚强自信，相信他们会拥抱更美好的未来！

教师寄语

　　你善良、有礼貌、懂感恩，给我们大三班带来了很多温暖与感动，谢谢你！愿成长的路上，幸福、快乐永远伴随你。

陈玮奇

开心民俗会

时间过得真快啊! 再过几个月, 我就要从乌南幼儿园毕业了, 想着要和老师、小伙伴们分开, 我就难受地想流泪。乌南留给我太多太多美好的回忆了!

我最难忘的是大班新年开学的时候, 老师给我们准备了迎新年的活动——开心民俗会, 我们所有小朋友都穿着各式各样的民族服装参加活动, 热闹极了! 我们参加了套圈、可爱小猪等很多有趣的活动。我最喜欢的活动是剪窗花, 因为我会把一张张彩色的纸剪成各式各样的动物、花、草等, 然后贴在窗户玻璃上, 非常漂亮, 很有中国的气氛, 我还因此获得了两颗星星的奖励呢!

这次活动让我记忆非常深刻, 感谢乌南幼儿园, 更感谢园里的老师们让我们每一天都是这么开心、快乐!

家长寄语

你是在中班的时候, 幸运地成为了乌南幼儿园大家庭里的一员。在这里, 你的眼界变开阔了, 知识变丰富了, 这一切离不开乌南幼儿园每位老师的辛勤付出, 感谢、感恩乌南!

教师寄语

来园时你总是主动大声地与我们打招呼, 游戏中时不时会露出童真快乐的笑脸, 活动中总显露出认真投入的表情。奇奇, 成长的路上还有更多有趣的事儿, 大胆去探索吧! 加油!

大四班

Domestic
Senior Kindergarten
Class 4

朱贞灏

乌南小向导

　　最让我难忘的还是在大班时担任乌南"小向导"的事情。报名时我毫不犹豫地第一个举起手啦！可是其实我心里是既紧张又害怕的，面对那么多来参观的老师们，如果我忘记台词了，那得多给我们乌南丢人呐！但是王老师、爸爸妈妈一直在鼓励我，帮我一遍遍地熟悉介绍内容，王老师还叫上全班小朋友"扮演"客人老师，提前帮我预演"小向导"，还帮我纠正表情和动作。到了"小向导"真正上岗的那天，虽然我面对那么多的客人老师，但是当我看到园长妈妈和王老师鼓励的微笑时，我一点儿也不紧张了，客人老师们认真听着我的介绍，时而点头、时而微笑，很快我就进入了"小向导"的角色，顺利地完成了光荣的"小向导"任务！

家长寄语

　　贝贝，在乌南的三年里陪着你一起成长，看到你的学习习惯、学习能力和责任心等各方面都得到了极大的锻炼和提高，毕业在即，愿你在未来的日子里冲上蓝天、展翅飞翔！

教师寄语

　　你是自信的小向导，你的稳健和从容给客人老师们留下了深刻的印象，希望这份宝贵的经历伴随你不断成长！

夜宿乌南

当王老师和我们说马上会有"夜宿乌南"的活动时，我觉得好期待、好兴奋，终于可以和小伙伴们一起在乌南住一天了。老师让我们想想需要带些什么？我们大家讨论得可激烈了。有的说带荧光棒，有的说带帐篷，有的说带手电筒。

当天晚上我早早地洗完澡，开始提醒妈妈要带这个、要带那个，把所有需要的东西都整理了一遍，才安心地出门。我和朋友们在一起在大礼堂看电影；玩手影游戏；表演才艺。一起在深夜拿着手电筒和荧光棒探索幼儿园，去发现一个和白天完全不一样的乌南幼儿园，有趣又刺激。

我最喜欢老师读妈妈们的微信留言。虽然妈妈的留言很短，但是听到妈妈熟悉的声音，我觉得我有点想她了，还偷偷地擦了擦眼泪。

夜宿乌南非常有趣，真想再多住几天幼儿园。好好玩儿！

家长寄语

乌南作为你踏进成长的第一步，给你留下的美好印象将影响你的一生。一切的美好祝福都送给你，我亲爱的孩子。父母永远会给你可以依靠的肩膀！

教师寄语

你性格开朗，待人真诚，在班级里有着好人缘，夜宿乌南那晚，你的探险队人员众多。愿你带着这份快乐和热情结识更多的新朋友。

宋泽辰

学习踢足球

从乌南幼儿园中班开始，我们开始了选择性活动。我报名参加了足球。每周有一天的下午，我和小朋友们都会来到幼儿园室外的操场上上课。我还记得第一次参加足球课，教练老师先让我们进行热身运动——往返跑、S形跑，然后开始教我们练习足球基本动作。老师为我们安排了很多小游戏来体验带球、控球、抢断这些技巧。印象最深的是一次射门大战的分组比赛，我们以4：0的比分战胜了对手，教练老师给了我们大大的赞！

经过一年多的活动，我爱上了足球运动。我还结识了其他班级的小伙伴，不但锻炼了身体，还懂得了足球比赛需要团队合作和遵守规则。课后爸爸经常和我一起踢球，观看世界杯比赛，还买了足球的百科书，我爱不释手。我梦想着将来有一天能当一名真正的足球运动员！

家长寄语

乌南幼儿园提供给孩子们多样化的选择性课程，在专业的教师悉心启蒙指导下，孩子找到了他自己的兴趣爱好，种下未来梦想的种子！

教师寄语

很高兴选择性活动开启了你对足球的热爱！兴趣是最好的老师，希望你能继续热爱运动，拥有强健的体魄和精彩的小学学习生活！

把爱送给全世界

终于盼到了期待已久的乌南爱心义卖活动。听老师说，爱心义卖就是我们捐出喜爱的玩具，其他年级的小朋友们来购买，然后把钱捐献给那些需要帮助的小朋友们，给他们送去我们的爱心。我觉得这太棒了。当我看到桌上摆放着我和其他小伙伴精心挑选的玩具时，我心里好骄傲啊。这时，其他年级的小朋友们带着家长们来挑选合适的玩具了。我拿起一个玩具大声地吆喝："卖玩具咯！献爱心咯！"一个小女孩看中了我手中的玩具，我很顺利地拿到了三张购买券，并把它们投入了爱心捐款箱里。旁边的小伙伴们也努力地把手中的玩具卖了出去。家长志愿者们也帮着我们一起叫卖，好热闹啊。经过大家一起努力，最后我们成功地把所有的玩具都换成了购买券，光荣地完成了这次爱心义卖任务。

家长寄语

这是你第一次通过自己的付出帮助了那些有需要的人们，你从此知道了爱原来不仅仅只是一个字。希望爱在你的心里生根发芽，照亮你一生的路。

教师寄语

三年的幼儿园生活转眼即逝，爱心义卖、古镇寻宝、参观小学、学当一天兵……相信这些活动都会成为美好的回忆，给予你力量，祝愿你的未来更加精彩！

有趣的消防演习

我觉得幼儿园里最难忘的就是每学期的消防演习了，在听到警报铃声后，不论是老师还是小朋友们都要放下手中的事情，拿起小毛巾捂住口鼻，躬下身体跑到操场。有的时候也真的会有消防员叔叔开着消防车来到幼儿园，我看到消防车里面东西超级多，有各种粗细的水管子，还有高压水枪呢！

消防员叔叔在模仿救援树上小动物时，会架起云梯到高高的树枝上把小玩偶给救下来。他们还有个厉害的本领，就是穿衣服的速度好快呀，还能把又长又重的水管子卷得很整齐。有一次我和别的小朋友还被邀请上台试穿了连体消防服，衣服太大了，我们脱掉鞋子站在里面，连裤子都是摊在地上的，把大家看得哈哈大笑，真是太搞笑了！

家长寄语

在乌南，泽明从一个怕生的孩子成长为自信勇敢的小伙子，遇到困难能动脑筋自己想办法，还交到了很多好朋友。爸爸妈妈希望你健康快乐地长大，做个有责任心、有担当，自强自信的男子汉。

教师寄语

在乌南的三年，我们守护着你的成长，静待着你的花开。如今，你善解人意、儒雅懂事，愿你像所喜爱的消防员叔叔一样勇敢、自信、健康、快乐！

蔡智澄

参观工艺美术馆

　　刚上小班的时候，我很害羞，总是听老师说话，看着小朋友们玩。到了大班我能够流利地播报新闻，讲故事，参加幼儿园里各种各样丰富多彩的活动。

　　印象最深的是我们一起去上海工艺美术馆参观。上海工艺美术馆有三个馆，分别为雕刻馆、织绣馆和民间工艺馆，陈列着许许多多的工艺作品。除了雕塑、篆刻等工艺品外，我最喜欢的是"织绣馆"里的艺术作品。在这里展示了各种绒绣作品，这是一种在特制的网眼麻布上，用彩色羊毛绒线绣出各种画面和图案的刺绣，让人看得眼花缭乱。妈妈为此在家里也摆放了这样的作品做装饰呢。

　　我非常开心能在乌南幼儿园里和我的老师们、同学们一起参加各种活动，每天增长见识，学习本领，快乐成长。

家长寄语

　　幼儿园的快乐生活只剩下一个学期了，爸爸妈妈祝你在幼儿园欢快玩耍、学习本领之余，听老师的教导，学会管理好自己，享受和小朋友们一起成长的幸福生活。

教师寄语

　　从害羞沉默到大方自信，你的进步令我们自豪。如今即将成为一名小学生，祝福你不断进步，拥有多姿多彩的小学生活！

陈 顺

麒麒和麒麒

爸爸和我说，今年夏天我就要离开乌南了，将成为一名小学生，我们每个人要写一个小故事留给弟弟妹妹，让他们从我们的故事里面了解乌南。

大班开学第一天，学校张灯结彩，园长妈妈在门口迎接我们，老师们也排成了一排给小朋友们发红包。"顺顺，新年好！"小王老师叫住我，给了我一个红包，我把红包塞进了书包，飞快地跑进教室。

这一天过得真快，放学了，小伙伴们忙着整理书包和老师道别。麒麒（刘润麒）和麒麒（陈麒如）拿着老师给的红包和金币欢呼雀跃，"我们有红包啊！""金币哦！"麒麒和麒麒问我："你的金币呢？""找不到了，抽屉里没有，书包里也没有。"我很难过地回答。两个小伙伴相互看了一眼，同时伸出手来，"顺顺，我的金币给你吧……"

我高兴了很久，我知道我最好的朋友在乌南。

家长寄语

顺顺第一次当儿子，爸爸第一次当爸爸，我们一起加油。

教师寄语

你每天都带着灿烂的笑容来园，就像班里的小太阳，发光发热，为身边的人带去温暖和快乐，宝贝，有你真好！

光荣的『红帽檐』

三年快乐的幼儿园时光中，我印象最深的是大班第一周做"红帽檐"的情景。我一直很期待戴上这顶光荣的红色帽子，在新学期开始的时候去迎接小班和中班的弟弟妹妹。

那天我早早地来到幼儿园，戴上光荣的红帽子，和同学们在老师的带领下，排着整齐的队伍，十分自豪地到境外小班去。我们热情地和弟弟妹妹们打招呼，给他们送去爱的抱抱，安慰还在哭闹的弟弟妹妹们。我告诉他们乌南幼儿园有多好玩，在这里学习生活可开心了。之后，我们向他们展示了大班哥哥姐姐的本领，送上我们的表演，有朗诵古诗、演唱歌曲、讲故事等等。弟弟妹妹们看得目不转睛，教室里不时地响起热烈的掌声和欢乐的笑声。这使我感到十分自豪、无比快乐！

家长寄语

在这个蕴含力量，充满希望的夏日，你即将告别幼儿园，步入小学，开启全新的生活。犹如一只羽翼渐丰的小鹰，渴望飞得更高更远。那么，就迎着太阳勇敢地飞翔吧！家人永远在你身后支持你！

教师寄语

你是班级里的大哥哥，关心集体、乐于助人，这份正义感和责任感是如此的可贵，愿你今后也永远怀有赤子之心，不断前行！

大四班

陆憬厚

老师像妈妈

　　三年的幼儿园时间好快呀，妈妈说我已经是一名准小学生了，马上就要离开美丽的乌南幼儿园了，我突然好舍不得呀。

　　我还记得我第一天上幼儿园的时候，特别特别想妈妈，我特别害怕，一直在哭，我记得王老师用她的手机给妈妈打了一个视频，听到妈妈的声音，我才慢慢平静下来，后来我就和王老师成了好朋友。我特别喜欢和王老师聊天，每天还主动坐到王老师的身边。王老师呢，她也特别喜欢我，每天早上我一进教室，她都会主动拥抱我。马上要离开亲爱的王老师，还有其他几个老师，我有点难过，我想让妹妹将来也上乌南幼儿园，这样我就又可以经常回乌南幼儿园了。

家长寄语

　　美好的童年不可复制，也是一生中最珍贵的回忆，感谢乌南让虫虫有了一段精彩的童年经历，这将伴随他的成长，永远珍藏心中。

教师寄语

　　三年前的你稚嫩可爱，眼前的你朝气蓬勃。一曲诗书中华，古风韵味十足，带给我们莫大的感动。祝福你，为你的成长而喝彩！

大四班

张舒和

第一次当兵

从小班开始，我就很羡慕幼儿园对面的解放军叔叔们。今天我要跟他们一样去当兵啦！

早上起床，我穿上迷彩服，带上小军帽，背上小书包早早来到幼儿园。哇！好热闹呀，一进班级一片绿色，大家都穿上了迷彩衣，特别精神！操场上放起了进行曲，还有阵阵鼓声。原来是我爸爸跟其他几位爸爸在为我们击鼓鼓劲儿呢，而且我爸爸打的是最大的鼓！在升国旗奏国歌之后，我们就要上车去当一天兵了。临上车前妈妈给我佩戴上了大红花，妈妈告诉我当兵是件光荣骄傲的事情！在训练场地，我们站军姿，爬草地，扔手榴弹，还打了枪……太刺激了！

这一天可把我累坏了，但我非常开心，因为这是我第一次当兵！

家长寄语

遇见乌南，舒和从一个羞涩胆小的男宝成长为一个开朗懂事的男孩儿。孩子的种种温暖言语与表现都让我们感受到老师无私真诚的爱与奉献！感谢乌南，感恩遇见！

教师寄语

你在学当一天兵活动中表现出来的坚强、勇敢和自信令大家敬佩而感动。愿你带着这份美好的回忆，迎接崭新的小学生活，祝福你，加油！

小猪灯笼

我印象最深刻的是猪年过元宵，幼儿园举办了很多活动，比如说做小猪贺卡、赏灯猜谜、剪纸、制作灯笼等。我最喜欢的是元宵灯笼比赛。

做灯笼那天，我愁坏了，兔子灯我和爸爸倒是年年做，可是小猪灯笼怎么做呢？正好那天爸爸买的大酸奶罐子躺在垃圾桶边，我越看越觉得它像小猪。我给酸奶罐子贴了粉色耳朵、鼻子和小尾巴，贴了大大的会动的眼睛，还用螺丝钉做了四条小腿。嘿，还真像！我还把学会的剪纸本领用上了，给小猪的身上贴了"春"字。我还给大家出了个灯谜："像花花园不种它，花儿刚开就落下；春夏秋冬它不长，寒冬腊月开白花。"谜底呢，就是雪花。

幼儿园进行了灯笼评比，我的小猪灯获了最佳创意奖。当园长妈妈给我颁奖的时候，我简直太开心啦！

家长寄语

从刚入园的小不点儿慢慢长成了一个大孩子；从爱哭、胆小的你，变成一个勇敢的宝宝。宝贝，希望你带着乌南赋予你的品格，慢慢长大！

教师寄语

从腼腆到开朗，从拘谨到大方，乌南的三年你快速成长，老师为你点赞。你思维活跃，更善于合作，你在团队中闪着光芒，愿你为梦想继续努力！

大四班
严成义

神气的『皇帝』

　　我印象深刻的是在一次升班仪式上，参加了一个和老师、小朋友们一起编排的节目，节目的名字叫《皇帝的新衣》。在节目中我扮演"皇帝"，刚开始排练时我好紧张，不知道怎么演，后来在老师的带领下，我就和张洛仪、于子辰，还有其他小朋友一次次地排练，回家后一遍遍背台词，兴奋地都睡不着觉了。

　　演出那天，我穿上了"皇帝"的"龙袍"上台，大家都说我很神气！我还故意提高嗓子，摆好姿式，演起了"皇帝"，与其他小朋友你一句我一句可认真啦！班里的小朋友表演唱歌、跳舞和弹钢琴，内容可丰富了。

　　等我以后上小学了，我还要再回乌南去看看王老师，小王老师，看看我熟悉的校园、教室……

　　乌南我爱你，我会永远记着你！

家长寄语

　　宝贝，愿你快快脱去幼稚的娇嫩，扬起风帆前行。旅途中一定会有甜、有苦、也会有泪水。但无论遇到什么？父母都希望你，用你的坚强、智慧和自信去对待。愿我们的成义健康、幸福。

教师寄语

　　当老师问你，最喜欢乌南的哪里，你毫不迟疑地告诉我：全部！乐乐，愿你健康成长，再次回首，仍然记得乌南带给你的快乐时光。

很多的『第一次』

在乌南幼儿园，我做了很多第一次做的事情。

上学期，我第一次参与"国旗下的演讲"活动，和同学小瓜一起为大家介绍二十四节气中的大雪。以前，看别的小朋友站在国旗下演讲，我觉得他们好厉害哦。当我自己要去演讲的时候，突然间，感觉有点紧张，怕自己讲不好。王老师鼓励我说：花生，你要相信自己，好好准备就行。

在老师和爸妈的帮助下，我认真地准备，还和小瓜通过视频一起练习呢。果然，那天站在国旗下演讲时，我们讲得特别流畅、顺利，我一点儿也不紧张。我觉得自己也变得厉害多了。

这样的第一次有很多很多，第一次当志愿者、学编程、做木工……体验的越来越多，本领也越来越大。妈妈告诉我，这些各种各样的"第一次"，就是我在长大。

家长寄语

许许多多的"第一次"，都是值得珍视的体验与经历，它们共同构筑了三年来你在乌南幼儿园的成长轨迹。孩子，愿你不断往前，向着壮阔美好的远方。

教师寄语

转眼间，你即将踏入小学。相信接下来的每个"第一次"都难不倒你，希望你与自信、认真为伴，不怕困难，不断地努力，茁壮成长！

大四班

张洛仪

《狐狸的牙齿在战斗》诞生记

我喜欢乌南幼儿园，每天，我都早早地来到幼儿园，因为我知道这里有许多丰富有趣的活动在等着我。

要说最难忘的事情嘛，那就是大班时由我负责的四幕童话剧《狐狸的牙齿在战斗》。班级里的同学们分成五个小组，每个小组都要设计一个关于牙齿的故事。经过投票，我们小组由我主编的故事获得了大家的喜欢，小伙伴们一致推选我作为编剧和导演！作为编导，我负责整个故事的剧本制作（绘图）和演出。我选好演员，录好故事内容。在我的指导下，每个小演员都认真排练，把角色演得惟妙惟肖；在道具组和宣传组小伙伴们的一起配合下，经过一个月的项目化学习和完善，由我起草、编导、绘画、录音的一个完整四幕剧终于诞生了！

家长寄语

洛仪，还有最后一个学期，你就要从乌南毕业，做一名小学生了。你的自信、努力和进步，爸爸妈妈都看在眼里，心里感到无比欣慰。乌南给了你一片广阔的天空，让你在成长中懂得感恩，获得知识，收获快乐。愿你展翅飞翔，勇敢地迎接未来！

教师寄语

你聪明恬静，带给大家许多难忘的回忆：你编导的节目令人赞不绝口，在毕业典礼上的感言收获一片喝彩。祝福你的小学生活更加精彩！

神气的月亮小队

我觉得最好玩的是大班时去枫泾古镇寻宝。

寻宝出发前，我和其他四个同学一起组成了寻宝小分队，起名"月亮队"，并且合作画了寻宝计划书和分队小旗帜。寻宝那天，我们坐着大巴来到了枫泾古镇，这里有灰的墙，黑的瓦，还有好多小河流。老师告诉我们这里曾经出了好多个状元，而我们这次要寻找的宝贝之一，名字就叫"状元糕"。古镇里面好大啊，我们拿着寻宝地图，时不时地向路人礼貌问路。当穿过一条条街道，经过一个个店铺，看到乌南幼儿园的老师和标记时，我们便开心地知道找到目的地了。"月亮队"就这么一路寻店问价，终于把计划书上的宝贝——枫泾土布、状元糕、竹编都买齐了。我们每个人拿着买来的战利品，别提多高兴了。对了，状元糕很好吃哦。

家长寄语

感谢乌南幼儿园为孩子们精心策划每一次外出活动，带领孩子们增长见识开阔眼界。遇见乌南是孩子们人生历练的美好起点，愿每一个孩子微笑着拥抱彩色人生。

教师寄语

正如你故事中所说，你是神气的"月亮小队长"，在你的带领下你们队学会了分工，懂得了合作，迅速完成一个又一个任务。为你这个小队长点赞！

大四班

曹翊涵

最棒的爸爸

　　我印象最深刻的就是中班升大班的升班典礼，我们排练了好几个节目表演给爸爸妈妈看，有"天使走秀""小青蛙""小动物滚下床""大合唱""中国娃娃"等。我们还轮流当小主持，各自准备了台词轮流上台播报节目。升班典礼上的节目特别精彩，我们都很开心。

　　表演结束后，老师还给我们准备了游戏，那天是父亲节，我和爸爸参加了捡气球游戏，爸爸把我抱在腰这边，我趴着去地上捡气球，谁拿到的气球多谁就谁赢了。我和焦泽明一组比赛，最后我们都拿到了奖品。奖品是一个靠垫，上面写着"最棒爸爸"，我很喜欢这个靠垫。

　　升班典礼上，我们都特别开心，它意味着我们即将成为乌南幼儿园大班的哥哥姐姐啦。

家长寄语

　　进入乌南幼儿园三年，你长大了，也懂事了，更难能可贵的是对身边的人充满爱。希望在将来的成长过程中你能永远保持这份纯真与友爱，关爱自己、关爱他人。相信"爱"能包容一切，也能给你幸福。

教师寄语

　　你乐于助人，关心集体，在你的心里有一颗爱的种子，愿它不断萌发长大、开花结果，带你感受世界的精彩和美好。

我们的演讲

大班上半学期的一天，王老师交给我和陈顺一个任务：在国旗下的演讲活动中，向小朋友们讲解垃圾分类的知识。

我和妈妈一起准备好讲稿后，我俩都惊呆了：那么长的内容，记起来可真不是一件容易的事。为了保证演讲有好的效果，我们两人还在班级事先进行了排练，让全班小朋友和老师听一听我们练习得怎么样。

正式演讲的日子终于到了。升国旗的时候，我和陈顺穿着帅气的班服，给全校小朋友一起讲了什么是垃圾分类。意外的事情发生了，麦克风居然坏了，老师鼓励我们大声一点。我和顺顺一点都不害怕，声音比平时更嘹亮，小朋友们后来也都说他们听得很清楚呢！

通过我们的演讲，小朋友们学到了很多知识，我们也变得更加自信了。

家长寄语

爸爸妈妈最高兴的就是你在乌南幼儿园学到了很多很多的知识，还参加了很多丰富多彩的活动，自信的你永远是爸爸妈妈的骄傲！

教师寄语

还记得小班时第一次小广播的经历吗？如今的你，自信地站在舞台上大声宣讲，展现着你的风采你的成长。可爱的朵朵，愿你在每一个成长的驿站，都有收获。

快乐小猪

　　我最难忘的是小班时候表演的舞蹈《快乐小猪》。那是我们第一次登上大舞台，代表全体小班小朋友，给大班即将毕业的哥哥姐姐献上节目。王老师每天都会带着我们排练，认真练习舞蹈动作，还有不断变化的队形。王老师提醒我们，要时刻记得面对观众，保持微笑。经过练习，我们跳得越来越好，跳得停不下来，回家了都想给爸爸妈妈表演好多遍。

　　演出那天，我第一次化妆，爸爸妈妈们给我们涂了眼影、腮红、口红，美极了！登上大舞台，我开始有点紧张，可是当快乐小猪音乐响起时，我们随着音乐快乐自在地跳起来。当音乐结束，台下响起了热烈的掌声，我们手拉手鞠躬谢谢大家，我那时心中无比自豪。

家长寄语

　　小瓜，妈妈看到你三年的巨大变化，由一个害羞胆怯的小宝宝，成长成一个大方有爱的小女孩。感谢老师们的全心付出、用心栽培！我们都爱乌南幼儿园！

教师寄语

　　小瓜，陪伴着你成长是一件幸福快乐的事，爱说爱笑的你，总是会给大家带来惊喜，从《快乐小猪》到《诗书中华》，你笑容灿烂，舞姿优美。愿你永葆笑容，成为舞台上最亮的那颗星！

大四班

道恬

我是小『木匠』

　　乌南幼儿园里有个神奇又有趣的地方——木工坊。木工坊里有小锤子、小锯子、小尺子，还有各种形状的小木块，就像真正的木工厂。

　　我最喜欢在木工坊里做手工。这次，老师教我们做的是木头小猪，因为猪年快到啦。我先把两片小木块贴到一片大木块上，组成小猪的身体和腿，再用两片椭圆形的小木片贴在大木块的顶部，这是小猪的耳朵。唉呀，好像贴歪了！怎么办呢？老师说不要紧，她帮助我轻轻拿下小耳朵，用纸擦掉上面的胶水，再重新贴上去。接着贴上会动的小眼睛，最后贴上刨花当作小猪尾巴。哈哈，一只生动的木头小猪做好啦！我要快点带回家，给妈妈看我的新作品。

家长寄语

　　在乌南的三年时光中，你从笨拙地拿勺子到能灵巧地运用剪刀、从只会用黑色涂鸦到能画出多彩的图画，一步步地成长让人欣喜。我们希望你从这里出发，走向美好的远方。

教师寄语

　　一个最甜美的微笑，一个最深情的拥抱，甜甜的你，令人印象深刻。即将离开乌南，就如一只小鸟将展翅高飞，愿你将快乐传递，飞向美好未来。

制作姓名贴

2016年9月，我进入乌南幼儿园，开始了我的幼儿园生活。在一个陌生的环境里，我的习惯慢慢地开始养成。还记得刚进幼儿园的时候，我连话都说不清楚，和爸爸妈妈挥手再见，便开始了我的成长。

小班开学的第一天，小朋友们围在一起制作自己的姓名牌，老师准备了许多星星状的彩纸，大家四、五人围成一桌，将自己的照片和名字贴在星星状的彩纸上。那是我第一次自己用胶棒，我用力拔开盖子，从底部旋转出胶棒，涂在需要粘贴的位置上，我的照片和名字就被牢牢地贴住了，感觉好新奇，老师还准备了许多不同的颜色小装饰纸，让我们把自己的姓名牌装饰得色彩缤纷，独一无二。我觉得好开心啊。

家长寄语

亲爱的孩子，你在悄然中成长，不再是当初那个小小的，哭喊着要妈妈的孩子了。你即将成为一名神气的小学生，请带上我的期盼和祝福，迈上一个崭新的阶梯！

教师寄语

你曾是那个爱哭泣、不想来园的女生，而现在的你积极主动、乐于参加各项活动：春暖花开的爱心天使、国旗下的护旗手……我们会记得你的成长，欢迎你常回来看看。

大四班

李钰涵

乐趣无穷的沙水世界

进入大班，我最期待去沙水世界玩儿啦！

那天，我们又去沙水世界玩儿。我快速地换上雨鞋，拉上我的好朋友朵朵一起去玩沙中滑梯。在滑梯上，我们一前一后，互相叫着对方的名字，穿过网带，再从滑梯上滑下，感觉像两个探险家一样很刺激。接着，我和朵朵一起来到水的区域，轮流打水，把水倒在水车上，这样水车就欢快地转动起来了。我拍了拍裤子，马上到下一站——沙坑。在沙坑里，我们拿了好多东西当宝藏，用沙子把这些东西埋起来，还在上面用沙子建城堡。朵朵和我总是有各种新的点子、新的玩法，怎么玩都玩不够。

游戏的时间结束了，我们把各种材料放回原处，大家都换回运动鞋，恋恋不舍地回到教室，期待着下次沙水世界活动。

家长寄语

喜欢沙水是孩子的天性，而乌南是可以让孩子充分释放天性的乐园。孩子，希望你能一直保持这颗童心和探索世界的好奇心，并从中获得快乐！

教师寄语

犹记得你和好朋友在沙水世界畅快玩耍的情景，愿你继续带着一颗充满好奇的心开启精彩的小学生活，自信、勇敢地面对未知世界。加油哦！

难忘的迎新会

开学第一天，天阴沉沉地下着蒙蒙细雨，可是一走进乌南幼儿园的大门，我立刻就被操场上的舞龙舞狮吸引了。只见一龙一狮上下飞舞，旁边还站着很多小朋友和家长，我和爸爸钻进人群看了起来。我正看得高兴，突然"狮子"一掉头假装扑了我一下，吓得我大叫一声，大家哄堂大笑，真是个调皮的小狮子，我也跟着大家一起哈哈笑了起来。

看过了舞龙舞狮，一走进大厅，就看到幼儿园上上下下布置了各种各样的新年装饰，洋溢着浓浓的年味，所有的老师都穿着漂亮的唐装，喜气洋洋地在迎接我们了。王老师一眼就看到了我，她高兴地拉着我的手，直夸我的唐装漂亮，又给了我一个新年红包，里面是我整整等了一年的新年金币，我开心极了，真想永远留在乌南幼儿园啊！

家长寄语

幼儿园每年举办的迎新会都非常具有中国特色，像舞狮、高跷、扭秧歌、剪窗花、捏面人等等，让孩子们真切地感受到中国传统年味，真棒！

教师寄语

三年的幼儿园学习生活，你从腼腆的小娃娃成长为活泼、开朗、能干的小姑娘，愿你今后更大胆地勇往直前，成为一名优秀的小学生。

陈韵旭

趣味民俗

　　乌南幼儿园有中国馆、亚非馆、小厨房和露台花园等许多有趣的活动室。

　　我最喜欢的是中国馆。中班的时候，我们在中国馆内举行了民俗互动表演。我参加了新疆舞表演，在短暂的练习后我就登台了，穿上向往已久、银光闪闪的裙子，伴随喜庆的音乐，我开始翩翩起舞，没学习过舞蹈的我晕头转向，跟不上节奏，看似简单的动作在实际表演时完全走形，还好在陈辰的带领下我勉强完成了表演。虽然跳得不好，但是王老师还是为我贴了大拇指鼓励我。当天还有剪窗花、舞龙舞狮表演，在锣鼓声中，中国龙在中国馆内翻滚游动，一眨眼欢快的活动就结束了。

家长寄语

　　呼呼，将近三年的幼儿园生活你成长了不少。你越发懂得体贴父母，对用心教导你的老师心存感恩！对同学你热情阳光。体弱多病的你在将来的学习生活中可能会遇到一些挑战，爸爸妈妈希望你能勇于克服困难，伸展枝丫尽情地拔节生长！呼呼加油！

教师寄语

　　你是一个温暖的孩子，笑容如春天般美好，从不吝啬自己和善意和关怀。愿你在成长的道路上，继续传递快乐和欢笑，收获更多的友谊。加油！

屋顶草莓记

我爱草莓，尤其是乌南幼儿园屋顶的草莓。

阳光照耀的下午，王老师、沈老师带着我们中四班全体小朋友来到了屋顶花园采草莓。那可是个美丽而神奇的花园，上面有我们种下去的各种蔬菜和水果。每天中午吃好饭，我们都会去查看我们种下去的种子，有的长了嫩嫩的小芽，有的长出了大大小小、不同颜色的叶子，还有的结出了可爱的小果实。我们会照看它们，在它们旁边玩耍。今天，我们终于可以去采我们种出来的草莓了！

采好草莓，王老师还教我们做了草莓派，酸酸甜甜的草莓派，特别好吃！

家长寄语

乌南美丽的屋顶花园是一颗绿色神奇的种子，在哆来咪的内心深处扎根发芽，伴随她的成长，这颗乌南的种子会枝繁叶茂，熠熠生辉！

教师寄语

屋顶农场锄草浇水的你、运动时练习跳绳的你……难忘每一个小小的你努力的身影，感谢你来到乌南，创造了属于我们的温暖回忆！

乌南小主播

我最喜欢参加"乌南电视台"的活动。我们在一块STV的背景板前，拿着一个灰色的话筒，像一位小主持人一样，给小朋友们分享最近发生的新闻，或者我们身边有趣的故事。这个活动还经常吸引校外的客人老师来参观学习呢。

我在"乌南电视台"里讲过"牙齿的秘密""大树怎么过冬""我长大了"，还有"名字的故事"等内容，深受小朋友们的欢迎。

播报的过程也给我带来了很多自信与欢乐。在中班的时候，我可是一个连翘舌音都难以讲清楚的小朋友呢。是王老师的耐心指导，加上我积极苦练，现在才可以口齿伶俐地表达各种内容。我还改掉了眼神晃动、身体摇摆等小毛病，使得整个演讲表现更加生动。我会继续努力，给小朋友们分享更多有趣好玩的故事。

家长寄语

史庭旸小朋友这一年多参与"乌南电视台讲新闻"的活动，培养了很好的临场演讲能力，整个人也更自信了。望你努力学习，得到更多的欢乐时光！

教师寄语

还记得刚入园时紧紧抱着妈妈的手臂不愿撒手的你，现在的你自信、开朗、独立，感动于你的成长，祝福你拥有更精彩、更美好的未来！

与音乐剧的亲密接触

在乌南我接触了很多以前没有遇见过的新鲜事儿。

印象最深的是我们一起排练音乐剧《功夫熊猫》，大家选我演"螳螂"，因为我小小的个子和螳螂一样。其实我更想演"阿宝"，我连台词都背下了呢。排练的过程很认真，也很辛苦，一招一式都要像模像样，因为我们知道最后我们要代表幼儿园去市里比赛。

当时我们还很自豪地进了录音棚，这是我第一次看到录音棚，老师让我们别紧张，可是我们还是录了八遍才通过。虽然比赛时，我因为紧张差点摔一跤，最后还是完成了表演，算是有惊无险。

比赛的结果是我们得了第一名，嘻嘻，这绝对在我的意料之中哦！

家长寄语

启蒙教育是对人这一生影响最深刻的阶段，感谢乌南让刘润麒遇到了更好的自己，也感谢缘分让刘润麒遇见乌南。

教师寄语

亲爱的宝贝，你即将开启人生新篇章，成长的过程需要不断探索，你已是小小男子汉，愿你能拥有强大的内心，继续勇往直前。

蒋翼谦

给妈妈写信

中班的母亲节时，我们在老师的指导下第一次给妈妈写了一封信。

王老师先教了我们信封的折法，信封上要写这是送给妈妈的，右下角还要签自己的名字，另一张纸上要画出母亲节想要对妈妈说的话。然后，我们就开始制作起来了。我先折了个长方形的信封，信封中间写了妈妈两个字，下面写了我自己的名字。然后我在另一张纸上画了妈妈的样子，还有很多小爱心，就是想对妈妈说：我非常非常爱你。我还给妈妈画了花朵和礼物宝盒，想要送给妈妈。画好后，我就把信放进了信封里。放学一回到家，我就把信送给了妈妈，妈妈看到后可喜欢了，还说"这是她最喜欢的礼物了"。

家长寄语

宝贝，进入幼儿园大班的第二个学期了，离成为小学生越来越近了，这可能是学习生涯中最开心、最无忧无虑的美好时光了，希望你能越来越进步、懂事，养成良好的习惯，适应小学的生活。谢谢老师们的付出！

教师寄语

谦谦，开朗的你是大家的开心果，有爱的你是大家的暖宝宝，你的笑你的闹让班级充满欢乐。愿乌南三年的欢声笑语一路相伴，祝你的成长路上永远灿烂多姿！

古镇寻宝

　　记得秋游那天，我们怀着激动的心情坐在大巴车上一路唱着歌到了枫泾古镇。我们首先看到了一口古井，大家一个个围上去，弯着腰想探个究竟。志愿者妈妈带着我们去看了用石头做的牌坊、木头搭建的古老房屋，还交代给我们小队一个寻宝任务。我们小队5个人拿着地图开始穿过小巷寻宝。好幸运，很快就找到了手工竹编店，大家看中了一款喜欢的竹篓，老板要35元。如果这35元用掉，余下的经费够不够花？因为除了寻宝，还得买些特色小吃。大家开始商量，跟老板讨价还价，最后以28元成交。

　　接下来我们买到了漂亮的蓝印花布和刺绣，还吃到了特色的蜂蜜棒棒糖。这次古镇寻宝活动我们都好开心，还学会了做预算和还价，非常有意义。

家长寄语

　　带着希望，带着憧憬，即将迎来你人生中新的旅程篇章。愿你学会感恩和宽容，愿你在慈悲中学会坚强，从而遇见未来更好的自己！

教师寄语

　　你常说，非常喜欢乌南幼儿园，这里的活动都让你感到很快乐。即将毕业了，老师祝福你小学生活一切顺利，有空常"回家"看看。

陈宇声

遇见音乐剧

我在乌南幼儿园印象最深刻的事情，是和小朋友们一起排练音乐剧《功夫熊猫》。老师让我们每人准备一个节目，表演好的话，就能上台演出了。我准备的节目是我很喜欢的《姜饼人》故事，于是我很高兴被选为小演员呢。

然后就是最重要的音乐剧排练了。音乐剧排练了将近两个月，在老师和导演的辛勤指导下，我们一点一点地进步，从大家什么都不会到最后很有序地表演，让我体会到了要想做好事情就必须要努力坚持的道理。

最后就是上台表演了。表演的时候，我心里一直在想我是代表乌南幼儿园参加表演的，我要为幼儿园争光，一定要好好演。我们获得了一等奖，我和我的朋友们都感到很荣幸！

家长寄语

参与幼儿园的各种活动，让你不断收获成长——学会了敢于尝试，努力学习，坚持到底，新的一年希望你能有更大的进步！

教师寄语

从刚到新集体的紧张到融入班级、结交好友，你只用了短短两周。你善于和别人沟通、为他人着想，愿你一直保持阳光的心态健康成长。

境外A班

International
Class A

范昕冉
Rainbow

自己做的饼干真香

我最开心的事情就是小厨房的活动。

有一次，我们大家一起做饼干。一开始，老师把调配好的面粉分给大家，我们拿到面粉后先揉了一下，把面粉揉揉开。然后根据模具的大小，将面粉分成一堆一堆的，加点水，搓成面团。之后把面团压扁，把小花模具压在上面。最后把模具外面的面收集起来，再揉一下，继续做饼干，就这样一块块小花饼干就变出来了。

老师帮我们把做好的饼干放到烤箱里面烤。烤好后我们把自己做的饼干放在餐盒里带回家。吃着自己做的饼干觉得好香甜！

家长寄语

在乌南的3年里，Rainbow成长为一个坚强、独立、开朗的女孩儿，在这里的美好回忆将伴她一生。爸爸妈妈希望你以后不论遇到什么困难都能坚强，乐观地面对。

教师寄语

你就像一道彩虹那样，有着五彩斑斓的颜色，有时是老师的小帮手，有时是朋友的最佳玩伴。愿你用充满活力的绿色去刻画属于你的金秋，成为一名勇敢的小学生！（Vicky）

境外A班
孙嘉怡
Serena

最可爱的老师们

在乌南幼儿园里，我最难忘的就是我可爱的老师们。

我的大班老师是绫绫老师，她戴着眼镜，非常温柔漂亮，她总是耐心地帮助小朋友们，还教我们怎样成为一名懂礼貌的小学生。我的外教老师叫Kate，她和我一样有着长长的头发，她的眼睛很漂亮，我很喜欢教她说中文，我还给她取了一个中文名字：葡萄。周老师从小班开始就陪着我们，她一直很细心地照顾我们，会提醒我们多喝水，提醒我们穿好外套。

我的小班和中班有郑老师和Paige老师。郑老师也很温柔漂亮，和我们说话的时候总是轻声细语，教会了我们很多本领。我很快就要毕业了，会离开我的老师和小伙伴们，我有一点难过，但是妈妈说，我还可以常常回来看我的老师们，也可以约我的小伙伴一起玩。我非常期待我的小学生活！

家长寄语

要特别感谢老师们给予的关爱和付出，在孩子心中播下了阳光的种子！马上就要成为一名小学生了，你会遇到许多新的挑战，妈妈希望你面带微笑勇敢面对！

教师寄语

Serena, you are a joy to have in the classroom. You have a charming sense of humor and are very popular among your peers. You act as an example for your classmates and are always well behaved and engaged during lessons. You love to read aloud to the class and answer questions during our English lessons. I believe that you will succeed in whatever you set your mind to in your future. (Kate)

Serena，你是班级里的开心果，你很幽默，在朋友之中很受欢迎。你是孩子们的榜样，总是表现得很好，很投入。你喜欢在英语活动上大声朗读并回答问题。我相信你会在未来的道路上一帆风顺！

境外A班
松冈暖乃
Nono

最难忘的一天

我是大班才来到乌南幼儿园的。第一天来乌南的时候我很紧张，但是有亲切的老师，开朗的境外A班的朋友们，还有个别化学习活动和乌南早操等许多活动，一切都很新鲜，我非常开心，没过几天就喜欢上乌南幼儿园了。

其中印象最深刻的一次是秋游。我第一次和朋友们坐大巴出去。不知道开到哪里才会停下来，心里砰砰直跳，感觉很兴奋。坐了几个小时的巴士，我们到了月湖公园，我看到一座白色的山，它叫跳跳云。朋友们跑到山顶上又蹦又跳。虽然我有点害怕，但看到朋友们开心的样子，我也慢慢地爬上山顶。好不容易到了山顶，我非常高兴! 朋友们给了我勇气, 这是我最难忘的一天了。

家长寄语

5岁这一年，我们来到乌南幼儿园，这使得Nono内心有很大的成长。通过各种体验，她有了挑战的精神和自信。我们希望她保持这样的自信，一步一步身心健康成长。

教师寄语

老师记得你每天变化的好看发型和精致的饰品，也不会忘记每天蹦蹦跳跳走到教室门口的你，就像一只欢乐的小鸟。愿你越飞越高，找到属于自己的蓝天! (Vicky)

有意义的一天

大班刚开学，我们就参加了欢迎新一届小朋友入学和安抚他们的活动——红帽檐。我用大姐姐的身份去安慰刚刚入学的小妹妹们，看到她们有的入学第一天哇哇大哭，我就想到了小班的自己。那时我也是这样哇哇大哭，有哥哥姐姐来安慰我。

我现在已经大班了，要有大姐姐的榜样。我给他们递纸巾，告诉他们在学校可以学到很多知识，可以参加很多有趣的活动，老师们也都很和蔼。我还准备了小礼物给他们。后来他们不哭了，我觉得这一天过得很有意义！

家长寄语

在乌南的三年校园生活，让Audrey有了很大的变化，这些变化都要感谢乌南的老师们给予的最棒的最耐心的启蒙教育。希望她在今后的人生道路上继续保持这份自信和快乐！

教师寄语

老师一直感到很幸运，班级里有这么知书达理、乖巧可爱的Audrey，而且愿意带着好朋友一起进步。愿你就像你最喜欢的小兔子那样，在广阔的草原上尽情奔跑！（Vicky）

境外A班
邝美杉
Michelle

跟随姐姐的榜样

我从小就特别想上乌南幼儿园，因为我的姐姐就在乌南上学，我跟着妈妈每天接送她，羡慕得不得了，真想到大草坪上跑一跑，在沙水世界里玩一玩。终于，我也能上幼儿园了，我和很多小朋友成为了好朋友，我可以穿着雨鞋去沙水世界玩，带植物和小乌龟去幼儿园养，在幼儿园剪纸、看书、画画，还可以上选择性活动。我喜欢手工、小厨房、英语戏剧表演和多媒体绘画。每周三，我都能遇到不同班级的老师和小朋友们，真是太开心了! 姐姐比我大一岁，我经常在幼儿园看见姐姐。但今年，姐姐毕业了，我看不见她了，可是我又交到了新的好朋友，像Audrey、Nono、Daisy……姐姐上了小学，学了很多新本领，我也很期待去小学呢! 我还想去姐姐的学校上学!

家长寄语

我们非常感激乌南幼儿园，让两个女儿们蜕变成阳光、开朗的女孩。希望美杉以姐姐为榜样，了解、欣赏自己的不同，走出属于自己的道路。

教师寄语

Michelle, you are a pleasure to have in Class A. Your English reading and speaking skills have improved this year, as well as your confidence in the classroom. You have a playful spirit and love socializing with your classmates as well as learning new things during our lessons. I am very proud of the progress you have made in English class and I know that you have a bright future ahead! (Kate)

Michelle，你的英语阅读、口语能力和在集体活动中的信心有了很大的提高。你喜欢和同伴交往，也喜欢在上课时学习新东西。我为你在英语课上取得的进步感到骄傲!

奇妙的万圣节

在幼儿园里,我最喜欢过节日了!春节、圣诞节、元宵节、端午节……可是我最难忘的就是万圣节了。

我记得万圣节这天,我们大家都装扮成各种各样的角色,大家的装扮都很有趣,我的好朋友Nono变成了一杯咖啡,绫绫老师和好几个朋友扮成了海盗,Clara变成了一条美人鱼,然后我和悦悦都扮成了小魔女,Rainbow也是,她还画了好看的魔女妆,真漂亮呀!Kate老师穿着超人的衣服,好特别。

然后我们大家一起排着队,到境外部去走秀、讨糖,那里还有南瓜装饰,我们一起拍了照片。在那里我还见到了郑老师,我很想念她。希望以后还能在乌南幼儿园里过节!

家长寄语

彤彤很喜欢幼儿园,她每天都会回家说幼儿园的开心事。彤彤是我们的小公主,我们希望彤彤一直健健康康、快快乐乐地长大,常有礼貌地待人接物。

教师寄语

恭喜你,不仅在幼儿园里变成了年龄最大的姐姐,做弟弟妹妹们的榜样,在家里也成为了照顾妹妹的好姐姐。愿热情、聪慧的你在成长的路上健康、快乐每一天!（Vicky）

境外A班
Clara
Stockert

热爱做操
Love of our morning exercise

What I remember the most about my kindergarten "Wonderful Wunan"! What I love the most? Dancing and singing the Wunan song with my kids and teachers in the schoolyard!! Why? Because it brings so much joy and we are hugging each other as part of the dance and feel we belong together! Also so many great adventures we shared! I like to look after my kids. Even when we part after this final year of school I really do hope I will stay in touch with my kids. I will miss them greatly as well as my teachers and the school. Wunan is my second home!

我就是喜欢去乌南幼儿园！我最爱在校园里和我的朋友和老师们一起做操，因为它带来了太多的欢乐，我们拥抱对方，感觉我们就像一个大家庭！我还喜欢幼儿园里发生的一切。虽然我们即将分开，但是我希望我们能够保持联系。我会非常想念他们，也会想念我的老师和学校。乌南是我的第二个家！

家长寄语

We wish for Clara to preserve her thirst for learning that you at Wunan helped instill in her and to keep exploring new experiences with an open mind. Whenever her friends will travel in Germany please come and visit us!

我们希望Clara能保持对学习的渴望，并以开放的心态不断探索新的经验。如果她的朋友们要到德国旅行，请一定要来看看我们！

教师寄语

Clara, you love to share, play and learn with your classmates. I can always count on you to apply yourself during group activities. I wish your continued happiness and I am excited for great things in store for you ahead! (Kate)

*Clara*喜欢和朋友们分享、玩耍和学习。我总是鼓励你在我们的英语活动上尽自己最大努力，并在小组活动中发挥自己的作用。愿你幸福快乐，也期待你碰到更多美好的事物！

境外A班
王之悦
Natalie

我一点也不想离开乌南

　　我现在已经是乌南大班的大姐姐了。我不想转去我哥哥的学校读小学，因为我还想继续在乌南读书，我太喜欢乌南幼儿园了。这里有我最喜欢的老师，小厨房，童话屋和好朋友。我喜欢跟着老师学跳舞，我最喜欢上次老师教的孔雀舞。我还很喜欢在English lesson上做游戏，最喜欢玩Simon says的游戏。每次玩Simon says的游戏我都能赢，太开心了。

　　我们幼儿园的小厨房我也很喜欢去，我在那里和妈妈一起做过一个很漂亮的圣诞饼干。我最喜欢的歌是乌南园歌，最喜欢老师带我们去沙水世界玩。我一点也不想离开乌南。

家长寄语

　　时光荏苒，悦悦在乌南不知不觉已经快毕业了。乌南将成为她终身难忘的地方。希望你以后不论是在世界的哪个角落，在内心最深处永远保留着这份儿时的美好和童真！

教师寄语

　　悦悦，你是个努力向上、充满正能量的小女孩！老师为你的坚持不懈感到骄傲！愿成长路上收获自信、勇往直前！
（Vicky）

境外A班
吴嘉熹
Daisy

我和好朋友吵架了

在乌南幼儿园，我度过了一段非常愉快的时光，交到了非常多的好朋友，还有非常亲切美丽的老师们。有一件事让我印象非常深刻。

那是在一节编程课上，我和两个男孩一组，他们是我的好朋友，但是我们吵了一架，我非常难过。因为在给机器人写指令的时候，他们随便改掉我写好的东西，这让我非常生气，那天我气得午餐都吃不下。妈妈从老师那儿了解到我的事情后对我说："每个小朋友都有自己的想法，你们是一个小组，吵架也是为了能够将这个任务完成好。但是吵架只会伤害你们之间的友情，把事情说清楚了会更好。"第二天我向他们说了对不起，他们也对我说了对不起，我们还是好朋友！

家长寄语

Daisy是个急脾气的孩子，我们常常担心她和同伴们的相处。幸运的是，乌南A班的老师们特别有耐心，豆苗在这一年里成长了很多，这比学业更重要，感谢乌南！

教师寄语

Daisy, you bring joy to Class A every day with your bright smile and contagious laughter. You are a friendly student who get along with all of the students in our class. You love to participate in class and are confident in all that you do. It has been a pleasure to watch you grow this year. You are well prepared for primary school and I think you will do very well in the next step of your education. (Kate)

Daisy，你每天都以灿烂的笑容和富有感染力的笑声给A班带来欢乐。你和好朋友相处融洽，并且对自己所做的一切充满信心。很高兴看到你的成长。看得出来你为去小学做好了充分的准备，相信你在未来学习的道路上会做得很好！

境外A班
段馨雅
Yaya

彩色的姜饼人

我记得特别清楚也特别开心的一件事情是和小朋友们一起做姜饼人。那天早上，在小厨房里，班级里的小朋友们和家长们都来了，我的妈妈也来了。老师给我们每个人三块没有图案的饼干，让我们自己在饼干上画出喜欢的样子。我想做雪人、圣诞袜和雪花，就用了白色、绿色、红色和巧克力色在饼干上画出来了。还在每块饼干上面写了字母Y，方便认出我做的饼干。然后，老师帮我们把饼干烤好，每块饼干还放进自己的小袋子里带回家。回到家里，我和爸爸、妈妈、外公、外婆一起分享了姜饼人饼干。他们都夸我做得又漂亮又好吃！我太开心了！这是我第一次做圣诞饼干，真的很有趣！

家长寄语

宝贝，幼儿园的时光珍贵且美好，你在这里学习了各种知识、收获了知心朋友、养成了良好习惯，爸爸妈妈为你自豪。转眼间，你即将进入小学，加油宝贝！

教师寄语

You are a capable student with a kind heart and a bright personality. You are caring and respectful of your peers and teachers, and always lead by example in our classroom. You love learning new vocabulary and new songs, and always participate during lessons. You use critical thinking and problem solving skills to succeed in class and are always willing to help your classmates. (Kate)

你心地善良，性格开朗，关心和尊重同伴、老师，在我们的集体活动中总是勤于动脑筋。你喜欢学习新单词和新歌，能够运用批判性思维和一些解决问题的技巧在学习上取得成功，更可贵的是总是愿意帮助你的同伴。

桑海量
William

难忘秋游

　　最开心的事情就是和同学去月湖公园了，哈哈，真的好开心！我们去了很多的地方玩儿。我们玩了蹦蹦床，又去了一个山洞，我们一点也不害怕，老师还在山洞旁给我们拍了照片。公园里有太多好玩的地方，因为赶着放学之前要回到学校，我们只能挑选几个最好玩儿的地方。

　　大家来到了沙滩，一起玩沙子，拍照。玩累了就休息一会儿，吃了带来的小点心。我带了饼干、水果，和大家一起分享。

　　最开心的是玩蹦蹦床，因为在蹦蹦床上向上跳起，感觉很高，就好像要飞起来一样。最后，我们就坐巴士回乌南幼儿园了。真希望以后还能和同学们一起去秋游！

家长寄语

　　海量，你是小男子汉，也是个爱帮助别人的好孩子，懂得爱别人，妈妈为你感到骄傲。希望你在未来的道路上更加勇敢，坚强，认真学习，知识才是力量。

教师寄语

　　画画是你的专长，美工区里总能看到你的作品。你还总是乐意放下自己手边的事情去帮助身边的同伴，你的善良和热心助人会帮助你不断赢得朋友，快乐成长！（Vicky）

最开心的幼儿园

　　我在幼儿园里有好多好多喜欢的东西，选择性活动、还有四楼的运动馆都是我喜欢的。

　　选择性活动我选的是搭乐高。这学期我学会了怎么搭直升飞机，棒球球棍还有棒球球门，真的很好玩。在四楼运动馆我可以跟朋友们一起蹦蹦跳跳。我常常跟我的好朋友Justin一起玩"兽王争锋"的游戏。我们假装手上有个"战爪"，在运动馆里的垫子上，抓我们想象中的"小灵兽"，打败对方的"灵兽"。我还很喜欢跳房子的游戏，带上小沙包，在教室的小阳台上就可以跳，我也很喜欢在那里蹦蹦跳跳。这真是最开心的幼儿园！

家长寄语

　　看着圆圆的小土豆在乌南一天天变成知书达礼的大土豆，老母亲和老父亲的内心是快乐充盈的。相信在乌南的三年半，是Roy人生中弥足珍贵的岁月。

教师寄语

　　作为班级里身高最高、力气最大的男孩子，你总是很热心贡献你的力量。愿你继续带着这股力量一路前行，就像你喜欢的游戏里那样，抓到自己的"小灵兽"。（Vicky）

我的灯笼获奖了

我最喜欢的事情，就是在幼儿园里过节啦！参加儿童节的义卖，让我知道了很多地方的小朋友都还很需要我们的帮助，我也学着把喜欢的东西与大家一起分享，所以我常常把自己喜欢的书带到幼儿园里和小朋友们一起看。

刚刚过去的春节是我最开心的节日啦！我和爸爸妈妈一起做了美丽的元宵花灯，带去了幼儿园和同学们一起过元宵。大家给最喜欢的灯笼投票，我的灯笼获奖了！上台去领奖的时候，小朋友们都在喊我的名字，我真的很高兴。我们吃了元宵，猜了灯谜，热闹的节日里，我又长大了一岁，真是幸福啊！

家长寄语

在乌南的这三年，Austin学到了如何融入集体生活，如何生活自理，如何感恩回馈……希望Austin能利用这些本领，勇敢地迎接新的挑战。

教师寄语

You are an active and gifted student. You excel in English and Chinese, sports activities, arts and science. You bring a fun energy to the classroom and the joyfulness you show during class make me happy to be your teacher. I see that many other students in Class A look up to you and see you as a role model for their own behavior. (Kate)

你是一个积极向上、充满智慧的孩子，你擅长英语、体育、艺术和科学，给班级带来了一种有趣的氛围。我看到A班的很多同伴都很喜欢你，也把你看作自己的榜样。

我也会讲新闻了

上了大班，我们开始讲新闻了。我每次都不知道要讲什么。有一次，绫绫老师让我准备自己喜欢的东西来介绍，我就想到了我最最喜欢的游戏——吃豆人。我喜欢一切关于吃豆人和小鬼的东西，我喜欢它们的音乐、故事、游戏、纪念徽章、玩偶、衣服和贴纸……我每天都在家里的白板上，或者用班级里的金属嵌图版来画，把它们变成一个故事。

有一天，妈妈和我一起把我画的吃豆人故事变成了一本书，让我带到幼儿园和小朋友们分享故事，我就在讲新闻的时候和大家讲了。小朋友们都听得很高兴，还问了我故事里的问题，老师也表扬我进步了，我觉得我的故事一定画得很好！以后我还要把我的故事讲给大家听！

家长寄语

Jeffrey是家里的小弟弟，他个性非常活泼，脸上总是挂着迷人的微笑。他是家里的开心果，大家都非常喜欢他。希望他永远健康、活泼、开心并快乐！

教师寄语

Jeffrey, you have made good progress in class this year. It is exciting to monitor your growth and watch you light up as you successfully read a new book or sound out a difficult word. I wish you happiness and good fortune in your future. (Kate)

Jeffrey，你今年取得了很大的进步。当你成功地读了一本新书或说出了一个难懂的单词时，看到你那样神采奕奕的样子，真是令人兴奋。愿你永远幸福快乐。

马惟清
Matthew

难忘的冰球比赛

最让我难忘的是加拿大文化周的一次冰球比赛。

我们先在教室里面分组练习，我们用桌子当作球门，排着队伍练习射门。小小的冰球打起来可并不容易，老师告诉我们，球棍要两只手握才会射得超快，如果是一只手的话会打得很轻，方向也不准确。我觉得射门的动作也要快一点，这样会像奥特曼和钢铁侠一样帅。

练习结束后，我们就去大礼堂参加正式比赛咯! 这里有真正的冰球球门。我们出黑白来分组，我和两个女生分到了一组，成了队伍里面唯一的男生，射门就靠我啦! 开局我就先进一球，老师们在一边做我们的啦啦队，接着对方也进了一个球，我们这一组努力拼抢，终于我又射了一颗球，以2:1获得了胜利哦! 比赛结束后，我收获了不少粉丝，心里很开心。

家长寄语

在乌南的这几年给了你丰富的童年经历，这是多么大的一笔财富! 每个孩子都有他的闪光点，希望你在做自己喜欢的事情时收获精彩的人生，做一个快乐的人。

教师寄语

你是班级里的运动小达人，所有运动项目都难不倒你。在冰球赛场上你是主力军之一，老师很开心看到你赢得比赛后那自信满满的笑容。愿你带着这份自信继续前进，相信你自己吧! (Vicky)

我是运动员和小厨师

从托班开始，我就已经在乌南幼儿园了。在这里，我交到了最喜欢的朋友，读到了最喜欢的绘本，还在文化周里认识了不同的国家。

我非常喜欢乌南幼儿园，最难忘的就是四楼的运动馆。在这里我可以和我的小伙伴儿们一起尽情地玩耍、游戏。每次我们一起做游戏的时候我都超级兴奋！我觉得这辈子也不会忘记。

我也喜欢我们的小厨房，每次老师都给我们神秘的配料和教一些制作方法，我做的糖醋黄瓜、小圆子还有蜂蜜柠檬都非常好吃，连妈妈都夸我厨艺实在太棒了。每次最开心的事情就是看到爸爸妈妈和妹妹吃完我做的东西呢！要离开这里了，我很舍不得，多么希望能和大家永远在一起啊！

家长寄语

早上听到乌南广播的音乐心里就莫名地激动，觉得在这样一个环境里无忧无虑地度过童年，真好。希望这个小男子汉就这么一直快乐坚强下去……

教师寄语

你在幼儿园里度过了3年半的时光，相信每一天都是多姿多彩的。作为幼儿园里年龄最大的哥哥，成为小小男子汉一定是你奋斗的目标。愿你像只乘风破浪的小船，一路顺风！

（Vicky）

姜皓然 Wayne　最喜欢科学小实验了

我是中班来的乌南，以前在新加坡读幼儿园。妈妈问我，乌南与以前新加坡的幼儿园有什么区别？最喜欢乌南的什么？我觉得乌南的活动很好玩。我特别喜欢每个星期三选择性活动里的科学小实验。每次老师都会给我们新的材料，制作不同东西来完成实验。我懂得了光的折射，水车的动能，电子会运动，还认识了哪些是可以导电的物品，哪些物品不能导电。这些都是我以前不知道的，每次能学到新知识，我特别开心。

我还喜欢各种植物和它们的种子，幼儿园里有各种各样我以前没有见过的果树，还有我们自己种的菜园，这些都是我最喜欢的，因为有了它们才有干净的空气和美味的食物。

家长寄语

乌南使Wayne成为一个乐于助人的小暖男，敢于探索充满创造力。希望他一直秉持一颗乐于探索发现、研究新事物的好奇心。

教师寄语

You are intelligent and mature beyond your years. You are a smart student with a goofy side and I enjoy having you in class. You are interested in a range of subjects and have impressed me with your knowledge about topics such as space and technology. You have a good grasp on the English language and are able to express yourself clearly in both academic and social situations. I wish you the best of luck in primary school and beyond! (Kate)

你是一个聪明的孩子，也有着可爱的一面。你对一系列主题都感兴趣，尤其对宇宙和科学等主题方面的信息给我留下了深刻的印象。无论在课堂上还是交往中，你都能用英语流利地、清楚地表达自己。祝你顺利！

境外A班

杨泽成
Jason

最酷的运动课

每天我都很开心地去幼儿园和同学一起学本领。我们幼儿园有一位酷酷的男老师潘老师。他的体育课很好玩。

潘老师教我们如何在运动中保护自己。如果在运动的时候有人在背后推你，要伸出双手去支撑地面，这样就算跌倒也是手掌撑地。从旁边摔倒的时候我们要用手肘去撑地。当前面遇到碰撞的时候，要伸出一条腿去支撑身体。

体育课总是很快乐。有一次，潘老师把我们分成很多个小组。每个小组都有数字编号。大家要竖起耳朵听潘老师喊数字口令，做动作。我在第三组，所以我握着小拳头紧张又兴奋地等着潘老师喊到数字3，然后蹲下。最后，潘老师越喊越快，我们都跟不上他喊的速度，动作开始乱七八糟了。最后大家一起哈哈大笑起来。

家长寄语

乌南的老师用心对待每个孩子，给予公平的环境又尊重每个孩子个性的不同，真正关注孩子身心发展。Jason每天都很开心。我们也常常惊喜地发现他眼界和知识的提高。

教师寄语

You are a playful and inquisitive student. You are a friend to everyone in the classroom and you are always willing to help your classmates during our lessons. You show improvement in all aspects of English learning every day. You are a talented reader and do you best in challenges you are presented with. I hope that you will continue to enjoy learning and I know you will be a successful student in primary school. (Kate)

你富有好奇心，有许多朋友，总是愿意帮助他人。你每天都表现出各方面的进步。你是一位才华横溢的朗读者，愿意在面临的挑战中尽力而为。希望你能够继续享受学习，一定会是一个成功的小学生。

我是乌南TV小主播

　　中班时，我们就开始练习播报新闻了。那时候是妈妈给我准备主题，画好画，然后我就像背诵一样地播报新闻。刚开始时我很紧张，也需要练习很长时间。大班了，我们仍然有播报新闻的活动，而现在的我已经会自己选择喜欢的话题，自己画内容，例如我准备的美国哥伦比亚号太空飞船事故的新闻，小朋友们都特别喜欢。除了在班级里播报以外，我还参加了乌南TV的播报，虽然有点紧张，但是感觉自己真的是一个小主播了呢！

家长寄语

　　这一年你长大了许多，我想你已经准备好迎接新的生活了。感谢乌南的培养，让你拥有了好的品质和习惯，加油吧，宝贝！

教师寄语

　　老师欣赏你对事物的执着，遇到感兴趣的事情都要弄得清清楚楚。我想这也是为什么你能够把新闻介绍得那么清楚的原因吧！努力就会有收获，愿你收获满满！（Vicky）

境外B班

International
Class B

秦宛彤
Olivia

新年大餐我来做

　　从小到大我最喜欢的事情就是吃和制作好吃的东西，未来的梦想就是当厨师。在乌南幼儿园，我最喜欢的地方就是那个一楼大厅边上的小厨房，每天上学放学我都会往里瞅瞅。现在我们大班了，是大哥哥大姐姐了，经常有机会在里面一展身手了……圣诞节的时候虞老师带我们去里面做了一顿圣诞大餐，我们制作了披萨、沙拉、爆米花等等东西，我负责做沙拉。我们首先挑选了自己喜爱吃的水果，然后用儿童小刀将水果切成一小块一小块放入盘子里，再挤上酱料，香喷喷的水果沙拉制作好了。回家的时候，我把制作好的食物拿出来分享。我们一个个特别开心，小朋友和家人吃着我们自己做的食物，心里都美滋滋的。

家长寄语

　　那年，我第一次以家长的身份参加女儿幼儿园的开学典礼。作为一名90后的妈妈，我特别地茫然不知所措。好在三年里，乌南的老师和班级里的家长们给了我很大的帮助。这三年光阴似箭，日月如梭，一下子奶声奶气的娃娃们变成了如日方升的少年，望未来大家都进入理想的学校！感谢乌南这个大家庭。

教师寄语

　　你在团队中总是能担任领头人的角色，在制作新年大餐的活动中给我留下深刻印象的不仅是你超强的动手能力，更是你的团队精神，你能兼顾所有组员的口味，考虑他人的想法，真的很了不起！期待毕业之后也能尝到你的手艺哦！（*kelly*）

境外B班

是馨禾
Louisa

独一无二的秘密基地

　　我想了很久到底什么最难忘,当然是玩啦!特别是幼儿园的室内运动馆,那里,有一个属于我的小小秘密基地,一个和好朋友分享快乐和秘密的好地方!室内运动馆里有好多有意思有挑战的运动器械,我第一次攀爬也是在那里,当我受到老师的鼓励,爬到绳子顶部的时候,我心里觉得太高兴太骄傲了,真希望赶紧告诉爸爸妈妈,我是好样的。但是有一天,我的一个好朋友因为玩游戏不开心哭了起来,于是我赶紧跑过去安慰她,我们聊天,慢慢地她就开心起来。从此以后,室内运动馆就成了我们的秘密基地,一个可以互相交换秘密和心事的好地方。我真喜欢室内运动馆啊,我更喜欢和小朋友一起嬉戏玩耍,一起成长的class B班。

家长寄语

　　非常感谢乌南幼儿园领导及亲爱的班级老师这三年来对孩子们的悉心教导和关怀备至。孩子的进步和成长有目共睹。莎莎小朋友很开心、很健康地接触到了她的人生中第一个集体生活,爸爸妈妈为你骄傲,为乌南喝彩。

教师寄语

　　你积极乐观,给我们带来许多欢声笑语。你不仅感情细腻,还乐于表达心中满满的情感。希望你能一直这么真实、快乐地生活!（*Kelly*）

境外B班
朱梓昕
Jasmine

我做大姐姐了

小班的时候，最难忘的就是中班的大哥哥大姐姐来给我们送礼物，我收到了一个精致的小骆驼，哥哥还给我留了小纸条希望我在乌南度过快乐的三年。等啊等，终于到了大班，我也成为大姐姐，要去给弟弟妹妹们服务做志愿者了，我兴奋极了!

我一大早就到了幼儿园门口，高兴地戴上了小红帽。我报名的是迎宾员，所以我和Ryan、Tysen、Alex还有Austin一起站在大门口，迎接来上学的弟弟妹妹们，微笑着对他们说"早上好, Good morning"，在弟弟妹妹们进入幼儿园以后，虞老师带着我们又到了他们的教室里。我给一位妹妹送了一个粘贴画的小礼物，她开心地对我说："谢谢。"我还搂着她的肩膀跟她拍了一张合照，突然发现我竟然比她高了这么多，我回家后自豪地对妈妈说："我是大姐姐了!"

家长寄语

很高兴看到你从天天哭着鼻子跟我们说再见的小宝宝变成有主见会帮助别人的小姐姐，在乌南幼儿园这美好的三年时光的浸润里，我们看到了你的成长。我们希望你始终带着一颗好奇、谦逊、有爱的心继续在人生道路上奔跑!

教师寄语

亲爱的小茉莉，你一直是我们贴心的小棉袄，小伙伴遇到困难了你总能第一时间送去帮助，老师咳嗽了，你会送上甜甜的笑容和温暖的话……你是内心充满爱的孩子，愿爱伴你一路成长。

（Kelly）

境外B班

孙简森
Jenson

快乐的每一天

大家好，我是简森，马上就要毕业了，在乌南幼儿园每一天我都很快乐。我最喜欢去四楼的室内运动馆和别的小朋友一起玩过家家，秋千还有篮球。我们还会玩老鹰捉小鸡，我特别喜欢当老鹰抓别的小鸡。有一次我抓了好多只小鸡，把老母鸡都吓跑了，简直太好笑了，他们都说我是一只厉害的老鹰。最令我难忘的就是万圣节可以和其他小朋友一起打扮成不同的角色讨糖果吃，我们会说"Trick or treat"，然后就会得到好多漂亮好吃的糖果，我们还可以互相分享，真开心啊。幼儿园的饭很美味，每天喝的都是不一样的汤，还有我喜欢的小面包和pizza。乌南幼儿园的每一天都好快乐！

家长寄语

作为一名职业女性，我的工作十分繁忙，Jenson在乌南幼儿园的精心照料和教育下，成长过程十分令人满意，感谢幼儿园老师们的耐心引导。

教师寄语

Jenson, you always impressed me with your desire to share what you knew. Your diverse life experiences have given you plenty to talk about, whether it is skiing in the French Alps or seeing his favorite cartoon characters at Shanghai Disneyland. In the future, I know that these experiences (and the many more that you are bound to have) will give you so many wonderful stories to tell! (Tim)

简森，你总是迫不及待地与我们分享你的发现和新闻，多姿多彩的生活经历也总让你滔滔不绝、有话可说。期待在未来的日子里你有越来越多有趣的故事和大家分享。

孙采薇
Alissa

我是『花木兰』

　　我最难忘的事情是小班的时候表演花木兰的故事，我感觉表演得很好。我很喜欢听花木兰的故事，于是我就背下来了。我小时候很喜欢迪斯尼的公主，爸爸妈妈给我讲了100遍吧，然后我也背下来了。花木兰是中国的公主，我最喜欢她了。因此，当爸爸妈妈再讲这个故事给我听的时候，我就从头到尾背给他们听了一遍。小班的升班仪式前，我就买了特别漂亮的公主衣服，讲了花木兰的故事。妈妈和我一起上台讲，故事里面有木须，木须把石像弄塌了，还有那个马，还有将军叫李翔，他们撬开宫门要去阻止杀皇帝的人，最后李翔发现木兰是个女的，还和木兰成了好朋友。在幼儿园的三年里，我与许多好朋友分享了许许多多的故事，毕业典礼上我们还把故事表演了出来，我还常常做小老师，我觉得自己很厉害！

家长寄语

　　遇见乌南是我们的幸运。感谢乌南，不仅因为你在这里学习了知识，结交了朋友，更是因为你在这里长大，成长，成为了一个更好的你。

教师寄语

　　采薇，你文武双全，在班级里总是担任小老师的角色，积极、自信、阳光。你是个对自己有要求且非常努力的孩子，相信你带着这股劲儿，在今后的学业道路上一定能取得好成绩！

（Kelly）

境外B班
郭凯云
Cadence

快乐的新年派对
New year party

This year, class B had an "ugly sweater" party. Everyone came to the party with their ugliest holiday sweater (I think my dad won). My friends and I were really busy at the activity table making ornaments, decorating sugar cookies and making mini Christmas trees. Some of us made more sugar cookies than others – like me and Lianne. You could tell because we had green frosting all over our faces! There was so much yummy food too, like turkey, ham, stuffing, cranberry sauce, mashed potatoes, sweet potato casserole and of course chocolate cake. Wow! Next was the gift exchange, where each of us brought an old toy or book that we no longer played with and we could give it to another person. I gave away some stuffed animals and got a transformer, a gorilla and a car! But you know what my favorite part was? My friends from class G and class E also joined us – like Sierra and Brian. It was the best to spend time with all the people I love!

B班的"丑毛衣"主题新年派对是我最难忘的时刻，我们和爸爸妈妈都穿上了各种搞笑的毛衣，我们在派对上唱歌跳舞、交换礼物。最开心的是很多好久不见的朋友也都一起来了，和最好的朋友在一起真是最开心的时刻！

家长寄语

Xiao di gua, you are our favorite robot. You always have something to say, sing or dance and we will always be your captivated audience. Please invite your brother and Ayi. Love, Mommy and Daddy.

你是我们最爱的小机器人。你会说、会唱歌、会跳舞，我们总是你最忠实的观众，我们爱你哦！

教师寄语

Cadence! Where does one even begin? From wild stories to out-of-nowhere family facts to questions that not even I have the answer to, Class B was always made brighter by your enthusiasm, excitement, and frank observation. I know that primary school will provide you with evermore excellent material for your hilarious stories, and I can't wait to hear of the best! (Tim)

宝贝，你的热情和兴奋劲儿总是让教室明亮起来，期待你的小学生活哦！

境外B班

杭 鑫
Angela

古镇寻宝

　　2018年10月，我们迎来了秋游，我太兴奋了，早上起得很早，动作也比平时快，到了幼儿园，发现Alissa比我更早到了，她也激动得睡不着。我们要带着地图去寻找古镇的特色宝贝送给自己的家人。我们分成甜甜咸咸队、五颜六色队、黄酒粽子队、巧手队和蓝白布队，这些名字都是我们自己想的呢。这一次，我的书包里除了零食，还有30元钱。进入古镇，我们小组看着地图，很顺利地找到了蓝花布包包。古镇的诱惑实在太多了，好看的、好吃的、好玩儿的，我们通过讨价还价不仅买到了送给家人的礼物，还给自己也买了玩具，青龙剑是我们最心仪的玩具，几乎每个小朋友都买了。

　　我抱着古镇淘到的宝贝满载而归，把包包送给外婆的时候她笑得好开心，我心里也美滋滋的。

家长寄语

　　Angela在乌南幼儿园遇到了人生中的第一任老师，邂逅了十几位可爱的小朋友们，不仅收获了知识和友谊，更学会了好的习惯、尊重、友爱和分享，收获满满！

教师寄语

　　杭鑫宝贝，你在人群里是个安静的姑娘，但到了关键时刻总能挺身而出。在古镇寻宝中，也是因为有了你的帮助，团队顺利完成了任务。相信今后的日子你也能成为核心人物！（Kelly）

邵瑞森
Tysen

甜甜的万圣节

三年乌南什么事情最难忘？当然是万圣节去每个班级讨糖糖啰！每个老师和小朋友都会装扮得很新奇，整个园区里都是各路公主、王子、仙女、蜘蛛侠、超人，还有大小怪兽！南瓜灯、蜘蛛网、巫婆的扫帚处处可见，热闹极了。"Trick or treat! Trick or treat!"（不给糖就捣蛋），小朋友们的喊声此起彼伏，小脸上充满期盼。兴奋却又井然有序，大家轮流在各班级里做游戏，然后排好队在校园里 parade（巡游）。接着就是讨糖啰！最爱花花绿绿的糖纸，大爱闪闪亮五颜六色的宝石糖！这是我给它们起的名字，嘻嘻。真舍不得吃啊！回家第一件事，就是交给妈妈保管（因为家里还有个超爱吃糖的哥哥）！

家长寄语

这三年最开心遇见班里的小伙伴们、超有爱心的老师们还有强大的家长们！一有任务，二话不说，直接行动。愿孩子们在新的学校里继续茁壮成长，功课运动都棒棒哒，好朋友多多哒！

教师寄语

I will always remember you as the aspiring artist of Class B. Your most common question posed to me, at any time of the day, was, "Teacher, can I draw?" Your passion for creativity is tangible! I have seen you bring this same enthusiasm to reading, writing, and even morning exercise. I have no doubt that you will continue to shine long past Wunan Kindergarten! (Tim)

宝贝，你是我们班级的艺术家，创作出自由、创意的作品。你对阅读和文字也同样有很高的热情，相信你会一直保有这份热情和创意。

李牧城
Coco

好朋友

　　我喜欢有好多好多的好朋友，可是小B最近不是我的好朋友了，他成了其他同学的好朋友，还嘲笑我是"小哭"。我有点伤心，不过我想了一个办法，因为我知道他喜欢亮闪闪的小宝石，于是我就把老师奖励给我的几颗小宝石给了小B，果然，小B就又成为我的好朋友了。那天，我在地板上找到一颗小宝石，正准备给小B时，小麦看到了，她说这颗小宝石是从老师盒子里掉下来的，我只好将小宝石交给了虞老师。哎，费小麦也真是的，为什么要和我说这些呢? 虞老师表扬了我，她说我的表现很棒，这让我特别开心，她还告诉我："通过送礼物来获得好朋友是不够的，真正的好朋友需要的是相互学习和帮助。"嗯，我一定会想到其他办法的，很快，我就会有更多的好朋友。

家长寄语

[虞美人] 李峻

乌南三年转瞬去，春风卷帘近。

孺子黄口蒙启智，璞玉浑金良器，须雕琢。

小荷尖角露将来，追赏寻芳处。

雏鹰振翅向苍穹，绿柳满院成阴，待他日。

教师寄语

　　Coco，你虽然年龄在班级里是最小的，可你的小脑筋总是转得最快。你对朋友慷慨，能在伙伴有困难的时候及时伸出援手，相信你能用自己的好办法交到更多的好朋友! （*Kelly*）

境外B班

应遨瑜
Nicholas

快乐的自助餐

  我在幼儿园最难忘的事是和小朋友们一起吃自助餐。每次文化周和特别的节日，我们都可以尝到不同国家的特色美食。美国文化周的时候，我们的美国大餐有汉堡、薯饼；埃及文化周的时候，我们一边听着埃及的音乐，一边吃埃及特色的饭菜；俄罗斯文化周，我喝到了酸酸甜甜的罗宋汤；印度文化周，有香喷喷的咖喱，还有我最喜欢的炒饭……每次过节，幼儿园也会为我们准备各式各样的自助餐。国庆节时，老师把茄汁蛋羹做成五星红旗的样子，我们都惊呆了。不过，每年我最最期待的还是儿童节大餐，我可以自己挑选喜欢的菜，在三楼大礼堂和不同年级不同班级的小朋友坐在一起吃吃饭聊聊天，真的开心极了！

家长寄语

  时光飞逝，上幼儿园之前胆小粘人的你已经成长为活泼开朗的小男孩，会温和地与人相处，也懂得思考，有自己的想法。谢谢你带给我们的惊喜，也愿你脚踏实地走好未来的每一步，健康快乐每一天！

教师寄语

  遨遨，你就是我们班级的大哥哥，每次吃饭不仅最快吃完，还能做老师的小帮手，擦桌子、收拾盘子都不在话下。吃饭香的孩子都是有福气的孩子哦！希望你一直保持好胃口，身体棒棒，到了小学也要做老师的好帮手哦！（Kelly）

境外B班
王鑫辰
Austin

香甜的桂花蜜

在乌南幼儿园，老师教会了我们很多东西，总是给我们安排丰富的活动，既有趣又长知识！

我最难忘最喜欢的是制作桂花蜜这件事。老师们为我们准备了制作桂花蜜的材料：桂花干和蜂蜜，还有密封罐子。我们在个别化学习活动中学习着制作桂花蜜：用一根干净的小棒把桂花干筛选一下，然后把干净的好的桂花干放进密封罐，铺满底层，加入蜂蜜，再这样反复一层桂花干一层蜂蜜……直到装满整个罐子，盖上盖子，放在阴凉的地方保存好。耐心地等待两三个星期就可以享用了！我们可以把桂花蜜带回家和家里人一起分享，可以用温水泡着喝，还可以放进酒酿小圆子里，桂花的清香加上蜂蜜的香甜实在太美味了！谢谢老师教会了我们制作桂花蜜！

家长寄语

在乌南的日子，我们很高兴看到你变得懂事，尊师爱友，还学会了很多生活的技能，你说每天最开心的事就是来这所美丽的校园，让我们觉得很放心，很庆幸我们是"乌南人"！

教师寄语

Austin, you were always eager to share what you knew about your favorite topics (especailly animals), but you were even more eager to learn about them! By the end of the first semester, you would proudly share with me the scientific names of eleven—eleven!!—dinosaurs that you knew. Without doubt, your thirst for knowledge will propel you through primary school and beyond. (Tim)

宝贝，你总是迫不及待地与我们分享你的新发现，特别是关于恐龙和其他动物的知识，相信你对未知的渴望会一路伴随你。

难忘的加拿大文化周

　　我的国籍是加拿大，可是我一直生活在上海都没有机会去加拿大看看。好激动幼儿园举办了加拿大文化周，我搜集了关于加拿大的资料，知道了加拿大最高的电视塔跟中国的东方明珠差不多，加拿大最出名的糖浆是从枫叶树上来的。我还自己画了加拿大国旗，中间的那片枫叶太美了。我还了解到世界上的北极熊越来越少了，因为地球变暖了，老师让我们想办法去帮助北极熊保护好环境，我还制作了拯救北极熊的宣传海报。

　　最难忘的是我还参加了曲棍球比赛，我们是雷霆队，好多小朋友都为我们加油，我们拿到了冠军，我激动得跳了起来。园长妈妈给我们发了巧克力奖牌，我一回家就给爸爸妈妈看，然后就把它一口气吃完了。加拿大文化周太有意思了，太难忘了！

家长寄语

　　宝贝，我们见证了你的成长，感恩乌南幼儿园教给孩子的优秀品格。你即将开始一段新的人生历程，期望你学会珍惜，懂得感恩，能在各种爱的伴随下快乐前行。

教师寄语

　　在幼儿园的三年里，我们共同体验了许多不同的文化周和中外节日、节气特色活动，在这些活动中总能看到你积极投入的身影。曲棍球决赛中你和团队的拼搏和坚持让我们获得了冠军，相信带着这股拼劲你也能在今后的道路上赢得更多的收获！

（Kelly）

龚小橙
Zoey

老狼老狼几点了

乌南幼儿园有很多很多好玩的游戏，我最喜欢的就是"上海弄堂游戏——老狼老狼几点了"。虞老师是"老狼"，我们小朋友都是"小羊"。虞老师还会在地上放好几种颜色的圈圈。游戏开始的时候，"老狼"会背对着"小羊"，用双手捂着眼睛。我们"小羊"们就开始问，"老狼老狼几点了"。如果"老狼"说"3点了"，我们就要向前走三步。但是如果"老狼"说"12点了，红色、黄色圈圈是我的"，她就会转过身来抓我们"小羊"。这个时候我们"小羊"就要跑到其他颜色的圈圈里，否则就会被"老狼"吃掉的。我觉得这个游戏最好玩了，因为我们18只"小羊"，除了Ryan在逃跑的时候被另外一只"小羊"撞倒了，没有一只被"老狼"抓住。我们玩得开心极了！

家长寄语

很庆幸Zoey在乌南，在Class G/E/B开启了她的学校生活，老师们的耐心和循循善"诱"让每位小朋友独立自信又友爱善良，相信这份自信和善良会陪伴他们很久，谢谢乌南！

教师寄语

I will always remember you as the most curious and inquisitive student in Class B. Whether it was explaining the weather or sharing student news, your favorite word was always, "Why?" I know that you will continue to seek the truth in primary school and beyond. I cannot wait to see what you do with your newfound knowledge! (Tim)

Zoey，你在我眼中是一个充满好奇的孩子，相信你到了小学会继续保持着探索的精神，我都等不及看到你学到新知识的模样了！

令人期待的足球课

　　乌南幼儿园每周三都会开展选择性活动，有很多好玩的内容呢，比如小厨房，国际象棋什么的。我选择了特别喜欢的足球。我们的老师会带领我们学习传球、带球、射门和其他很多本领，也有好玩的道具帮忙，我们学得可带劲儿了。

　　最激动的时刻就是分组踢球比赛，我们都拼命把足球往对面球门踢去，如果被拦住，我们组同学会齐心协力去抢球。老师一边指导我们，一边还给我们加油呢！有一次，我们一个大脚就把足球直接踢进了对方球门，厉害吧！

家长寄语

　　眼看着我们羞涩内向的小毛头长成了开朗大方的大男孩，性格的成熟和学识的成长都离不开乌南优良的校风和传统，以及可敬可亲的老师们的辛勤培育。在即将踏上学习征程的时刻，乌南的启蒙给了孩子最良好的开端！

教师寄语

　　苗苗，你是班级里的运动健将，特别在竞技比赛中，你总能发挥优势为队伍争光添彩。还记得你在曲棍球决赛里一人独进6球，真是太了不起了！希望今后能一直坚持运动的好习惯，做一个运动达人哦！（Kelly）

境外B班
费小麦
Fiona

我是领操员

我最难忘的是做领操员。当每天早上响起广播操的音乐时，小朋友们开始做早操啦。想要做领操员必须第一个举手，而且还要做得很好才行哦。因为我每天早上做操都做得特别认真，所以虞老师选我做Class B班的领操员。这一天我觉得很光荣，也格外努力，每个动作都很标准，双脚踏步节奏均匀，手臂挥动有力。我希望做小朋友们的好榜样，后面的小朋友都要学我的动作，我们每个小朋友的身体都棒棒哒，所以我经常期待自己能继续做领操员。我是乌南的好孩子，我很幸运，我爱乌南！

家长寄语

亲爱的小麦，妈妈做的最正确的选择就是让你成为乌南人。你在这里度过了愉快的童年，老师和同学们相亲相爱，一路欢声笑语。乌南会成为你一生的美好记忆。

教师寄语

I always knew that you were near by the sound of your laugh. Whether you were greeting me in the morning or sharing an answer with a class, your bright, sunshine personality always bubbled through with the way that you spoke. Your expressiveness has made you fast friends with all of Class B; I know that this human trait will continue to serve you well past Wunan Kindergarten and even primary school. (Tim)

宝贝，教室里总能听到你的欢声笑语，你就好像是我们身边的阳光。相信到了小学你也能很快找到朋友，把快乐带给她们。

运动强身乐趣多

　　乌南幼儿园的校园是我最喜欢的地方，我喜欢在这里上体育课，教我们体育的潘老师很幽默，常常说笑话逗我们小朋友开心。运动可以帮助我们身体健康精神好，我希望快点长高、变强壮，像"奥特曼"一样厉害。

　　我学到很多运动的本领，在架高的运动椅上向前走、向后退，再增加难度跑一跑。在椅子上，先自己做动作，然后跟同伴手牵手一起团队合作。还有爬梯子，一个长梯二个短梯，老师会用手摇着梯子让我们往上爬，我很勇敢都不害怕爬到长梯子最高处。有一次在四楼运动教室，地板上铺着软垫子，潘老师用手轻轻地把我们推倒，躺在软垫上好舒服。运动让我的身体更灵活，手脚摆动跳跃很自由。潘老师说养成运动的好习惯，以后遇到困难就不害怕，可以勇往直前坚持下去。

家长寄语

　　亲爱的宝贝，期望你成为自己的HERO。 H: healthy & happiness, E: excellence & effort, R: respect & relationship O: openness & organized （健康和快乐、优秀和努力、尊重和关系、开放和有组织）祝福你的人生健康喜乐、人际关系美好。

教师寄语

　　亲爱的小B, 超级英雄一直是你的偶像，其实你也是一位小小的勇士！希望勇气能一直伴随你，在人生之路上不畏惧困难，不害怕挑战，要记得，你也是我们的超级英雄哦！（Kelly）

金梨安
境外B班
Lianne

跳绳比赛
skipping rope competition

I have made many happy memories at Wunan Kindergarten with my friends and teachers. One of my favourite memories was when I won first place in the class skipping rope competition.

At the beginning of the year, teacher Kelly told us to bring skipping ropes to school so that we could practice and exercise. I brought my blue Elsa skipping rope that I had gotten as a present at Christmas the year before. In each skipping rope class, I practiced very hard trying to jump more and more each time. At the end of the semester, we had a skipping rope competition and I was able to jump 50 times and won first place! My friends clapped and cheered for me and my teachers said I did well. I was so happy to win after trying hard.

在乌南我有许多快乐的回忆, 大班新学期, 虞老师带着我们学习跳绳, 我每天都非常努力地练习, 在学期末的跳绳比赛中获得了冠军! 我真是高兴极了, 原来通过努力真的就能实现目标!

家长寄语

We are pleased to see that Lianne is always excited to go to school to see her friends and teachers and that she is exposed to a variety of different activities at school including academics, arts and sports. As she moves onto primary school, we hope that her curiosity about the world continues to grow and that she also learns to contribute to society.

宝贝, 在幼儿园的各项活动中都有你积极参与的身影, 你是个社交达人, 相信你到了小学也一定能交到许多好朋友。

教师寄语

Lianne, you never struggled to make new friends or bring groups together. I know that your eagerness to learn will make you a joy to have in class, and your enthusiasm about everyday life, both the big things and the small, will mean that you never run out of material to share with the people you love. (Tim)

你对朋友总是很慷慨, 对所有的事情也都充满热情, 相信你满满的爱会帮助你很快适应小学生活。

境外C班

International
Class C

境外C班
Andrew
Justham

乐高游戏
Lego Station

I have loved my time at Wunan and made so many friends along the way. We got to take part in lots of cool activities and create life long memories. But my favourite thing has been the schools Lego station that we got play with everyday. I loved building new things and challenging myself to get better each time. I would try and think of interesting things I had seen and then have a go at making them for myself with the blocks, bit by bit. I built police cars, fire engines, houses, playgrounds, planes and even an SF Express warehouse! The best bit for me after making a cool thing, was to show my friends and us all to play together. I will really miss all of my class mates and teachers so much.

　　我热爱在乌南的时光，我交了很多朋友。我最喜欢的是乐高游戏，我们每天都在那里玩。我喜欢创造，我试着去想所有看到过的有趣的东西，然后一点一点地用乐高进行搭建。我建造了警车、消防车、房屋、游乐场、飞机，甚至还有旧金山的快速仓库! 我会非常想念所有的同学和老师。

家长寄语

　　Our greatest wishes for Andrew are that he is healthy, happy and maintains his unbridled joy and enthusiasm for the things he is passionate about. He will jump out of bed shouting "today is a good day"! If he can do that for the rest of his life we will be very happy!

　　希望Andrew身体健康、快乐，并对所热爱的事物保持热情。

教师寄语

　　Andrew, you are very enthusiastic about kindergarten. You alway run into the classroom, excited for English reading time and to learn something new every day. You have a kind heart and love to play and learn with your friends. I wish that you will continue to be this happy while learning in school. (Jake)

　　Andrew，你对英语阅读、学习新东西表现得很积极主动。你心地善良，喜欢和朋友一起玩耍和学习。我希望你在小学的学习过程中能继续这样快乐。

境外C班

杨启德
Evan

给外公的礼物

我在乌南幼儿园最开心的事情就是春游啦! 有一次,我们去一个很古老的小镇春游,每个小朋友都有一个"任务",我的"任务"就是给外公买黄酒。妈妈给了我30元,我买酒用掉10元,剩下的钱我给自己买了个小礼物,哈哈。我在回家的路上一直很兴奋地把酒捧在手上,要给外公一个惊喜。

到家后外婆见了问我:"你买了什么呀?"我说:"外公喜欢喝酒,我给外公买了啤酒……哦不对,是黄酒。"外公回家时我立刻把酒拿给外公。外公非常高兴,马上打开喝了一大口,还说:"好好喝啊!"外公开心地手舞足蹈,我心里想外公是不是喝醉了呀,嘻嘻。后来大家都称赞我很贴心也很能干! 这一次春游我一直都记着。

家长寄语

你虽然外表是个"小不点",但小脑袋总是在不停地转动。爸爸妈妈希望你在未来的成长道路上能够保持你的好奇心、思考力;在增长体格的同时也丰满你的人格:善良、包容、独立、自信。

教师寄语

Evan, you always enjoyed playing and learning in the Wunan water and sand area. I will always remember the complex and creative sandcastles you made. You were never afraid to try in our English lesson. Your high level of participation resulted in you improving in all aspects of English. I feel very fortunate to have you in my class and can't wait to see what the future holds for you. (Jake)

Evan, 你很喜欢在沙水世界玩耍的每一分钟。我还记得你在那里堆砌的那些充满想象力的城堡。你也总能积极参与到英语课中。我很高兴能遇到你,也很期待你的美好未来。

境外C班

Jakob

我的幼儿园
My kindergarten

I love Wunan. The first year was at the Huaihai rd. campus and the second and third year have been at the Wulumuqi campus. I like this campus, everyday in the morning I go upstairs by myself and I don't want my parents to send me to the classroom, because I am growing up and I am big now, I can go by myself. I am keen on going out and exploring, the field trip is definitely one of the school activities that excites me the most. But what impressed me most is that not too long ago I went to visit a water town and starting from the night before this trip I told my parents that I wanted to buy something during this trip. When I came home that evening I showed my parents what I bought.

我爱乌南。第一年在淮海路校区，第二年和第三年在乌鲁木齐南路校区。每天早上我自己上楼，我喜欢幼儿园里的每一次外出活动。但让我印象最深刻的是不久前我去了一个水乡，从秋游前一天晚上开始，我就告诉爸爸妈妈我想要购买的东西。那天晚上回家时，我把买的东西给了爸爸妈妈看。

家长寄语

As parents, we wish for Jakob's continued growth as a sweet, generous, curious, funny, mischievous person. We remain thoroughly optimistic about his future. Wunan has helped prepare him for the challenges he faces scholastically, socially, and emotionally and we are very proud of the person he has become both on and off campus.

我们希望Jakob能成长为一个甜美、慷慨、好奇、有趣、活泼的人。在今后的日子里，希望他对未来充满乐观的态度。乌南给予了他很大的帮助，希望他能坚持下去。

教师寄语

Jakob, you have a very imaginative mind and always enthusiastically take part in Chinese class time. I couldn't wait to see what you would build using the Legos in class. You always were excited about learning English and reading books with your friends. I wish you to continue success in primary school.（Jake）

Jakob，你很有想象力，总是热衷于参加中文活动。我总是迫不及待地想看看你在乐高上的创作。你和朋友一起读书时很开心，我希望你在小学继续取得成功。

蒙台梭利真好玩

　　每天早上，我总是早早地来到教室，参加各项活动。和英语老师读完有趣的英语书后，我总是迫不及待地加入到我最喜欢的蒙台梭利活动中。我喜欢粉红塔、三项式、千珠链、邮票游戏、百格板……每天我都会选择一样内容并认真地工作。

　　如果你要问我最喜欢什么？我一定会告诉你，是长棒。十根长长短短的红色长棒，有时我会用来比长短、有时我会按照长短顺序搭迷宫、有时我还会搭火焰。这是最难也最挑战的活动。我每次都会小心翼翼地把长棒搭一根根放在下一根长棒上，从长到短，会变成奇妙的火焰。每次我完成的时候，我的同学们都会给我鼓励，向我竖起大拇指，我感到好骄傲。

家长寄语

　　孩子，愿你快快脱去幼稚和娇嫩，扬起创造的风帆，驶向成熟，驶向金色的海岸。一想到你的小手抚摸着妈妈为你担忧的脸，心已开满花。

教师寄语

　　正正是个聪明机灵的孩子。班级里的乐高区是你流连忘返的地方，搭建的物品中充满着无限的想象力。希望正正能继续充满想象力地去创造属于自己更美好的明天。（Candy）

境外C班
顾昊栋
Thunder

跳绳

　　我喜欢乌南幼儿园，因为幼儿园里有我的同学和我一起玩儿，还有很多好玩的乐高、小汽车，还有一个很大的黄色骰子，我们扔来扔去很开心。陈老师和Teacher Jack还教了我很厉害的中国功夫。妈妈说，有我在旁边她就什么都不怕，因为我有功夫，我可以保护妈妈。我最喜欢幼儿园的跳绳练习，Emma跳绳最厉害，她一分钟可以跳199个！Agnes和Kate也很棒，她们一分钟也可以跳一百多个，我刚开始练习时一个也跳不过去，大哥和孙嘉明也没有办法连着跳，后来我们每天一起练习，蔡老师也帮我们一起数，我现在最高记录可以连着跳75个了！大哥和孙嘉明也可以连着跳很多了。我喜欢和同学们一起活动！

家长寄语

　　喜欢听你每天回家就滔滔不绝地分享在幼儿园发生的事情，开心你有功夫可以保护妈妈，在乌南幼儿园的美好回忆将永远伴随你。

教师寄语

　　栋栋是一个知识面很广的孩子。虽然话不多，但从与你的交流中，每次都能很惊喜地感受到你的所知所想。也喜欢在教室里看到你投入参与的状态。认真踏实的你努力地接受着这种挑战，我相信努力会换来成功，加油！（Candy）

境外C班
周君熹
Patrick

丰富多彩的活动

我喜欢和朋友们一起玩。小班的时候我喜欢和韩国同学黄义准JUN和黄倾城Katherine一起玩游戏，虽然有时候会因为玩玩具而互相争抢不高兴，但第二天我们又在一起开心地玩啦。中班的时候来了新同学顾昊栋Thunder，我们两个男孩子总是一起搭乐高玩具，他还告诉了我很多关于大西洋、太平洋、北冰洋、印度洋和大洋洲的知识。

在乌南，我喜欢上编程课，很有意思，可以玩机器人，还可以做指令。

我还喜欢和朋友们一起庆祝不同的节日。万圣节的时候，我们穿各种漂亮的衣服一起去其他班讨糖，我和他们一起说"不给糖就捣蛋trick or treat"！大班的时候Sabrina的家人还教我们烤了万圣节鬼脸饼干。过圣诞节的时候，可以得到礼物，班上的小朋友还可以互相交换礼物，太开心啦。

家长寄语

在乌南幼儿园的学习经历就像一颗颗绚丽的宝石放在他的成长记忆夹子里，在以后的岁月里也会一直闪烁。愿他以后能成长为一个善良、自信、阳光、健康、开心的宝贝，成为一个有利他心，喜欢帮助他人、懂得回馈社会的孩子！

教师寄语

Patrick, you work hard to improve your listening and speaking skills everyday. As a result, you are demonstrating a greater understanding of basic English vocabulary. I enjoyed so many fun conversations with you. You are a pleasure to have in class and wish you the best at primary school. (Jake)

Patrick，你每天都努力提高你的英语听说能力。因此，你掌握了更多的基本英语词汇。我也和你聊得很开心。祝你在小学里一切顺利。

境外C班

孙嘉明
George

我最骄傲的事

每天早上最开心的事情就是要去幼儿园啦。在乌南我有很多朋友，也学会了很多本领。在幼儿园里，我最最期待的就是每天的运动时间，因为我运动特别棒，特别是跳绳。我是班级里第一个学会跳绳的小朋友，也是跳绳跳得最多的人。老师、小朋友们都夸我很棒，我特别开心。尤其是我还当了小老师去教、去帮助其他小朋友一起学跳绳，大家跳绳都进步啦，不过我还是班级里跳绳跳得最棒的人，哈哈。

我喜欢我的幼儿园，我喜欢我的朋友们，我喜欢和大家一起在幼儿园里一起玩儿、一起学习、一起长大。

家长寄语

George在乌南的日子里每天都很开心，在老师的关爱、同学的陪伴下他每天都有很大的进步。希望宝贝在未来的日子里能够像现在一样保持童真的心，能够带着在乌南所有美好的回忆，收获的点点滴滴不断前行、茁壮成长。

教师寄语

George, you always remembered that the programming class is every Friday and really enjoyed participating in it. Any task I gave you, you were persistent until the task was completed. It was a joy teaching you because of your work ethic to get better at English. (Jake)

George，你一直记得并且很喜欢参与每周五的编程课。我给你的任何任务，你都能坚持不懈直到任务完成。你的英语很好，教你学英语是一件很开心的事。

境外C班

施道晴
Qing

Hocky

曲棍球

　　我在乌南幼儿园的每一天都很开心！让我印象最深刻的是加拿大文化周时的曲棍球比赛。之前我只有在巧虎乐园里玩过玩具曲棍球，但是我们这次是真正的曲棍球比赛！

　　曲棍球杆上面是直的，下面是弯弯的，有点像字母J；我们用的球是黑色的小小的圆盘。我们的教练是Jake老师，他告诉我们挥杆的时候不能高于脚踝，棍子不能打到别的小朋友身上，也不能跪在地上挥杆，要保持站的姿势。

　　比赛那天，我们在3楼的大礼堂先和B班的小朋友进行了比赛，又和A班的小朋友进行了比赛。每个队有9个运动员，我们轮流上场；比赛时Candy老师和其他看比赛的小朋友就给我们加油。

　　虽然我们没有拿到第一名，但是我们还是玩得很开心！

家长寄语

　　感恩乌南悉心教导的老师和可爱的同学们给施道晴带来了三年美好的童年时光。希望她未来能保持一颗纯正的心，继续享受生活的乐趣。

教师寄语

　　喜欢你的安静和认真，你用你的努力赢得了同伴们的认同和赞赏。很快你就要读小学了，相信认真踏实会是你最大的财富，让你学到更多的知识和本领，交到更多的朋友。（*Candy*）

境外C班
陈嘉莹
Angel

我和我的好朋友

在乌南有很多很多让人愉快的事，也有很多我喜欢的老师和小朋友。我们一起玩游戏，一起上课。但是我最喜欢的，还是和我的好朋友Evan一起看书。我们一起看了很多很多的书，有关于科学探索、小动物的书，也有关于大自然的书，我们每次都能学到很多新的东西，这世界真的太奇妙了。Evan是我在乌南最好的好朋友。我们一起看同一本书，每次看书的时候有个同学陪伴，就感觉很热闹，特别好玩。我希望我可以和Evan一起看更多的书，把没看过的书都看一遍，一起看可以活动的卡通书，一起看有声音的书。我相信我们会学会越来越多的知识，谢谢老师和同学们！

家长寄语

乌南是个让孩子们快乐成长的乐园，我们很欣慰地看到孩子的成长和变化。让人感动的是，乌南的个性化学习和每周的选择性活动，让孩子遵从自己内心的选择，谢谢乌南提供了一个如此丰富多彩的平台！

教师寄语

I will always remember that you brought to class the Dr. Seuss Green Eggs and Ham books. Not only were you able to read and comprehend the story but also allowed the whole class to use and enjoy the story. It was such a pleasure teaching you and I look forward to what you will do in elementary school . (Jake)

你很喜欢把关于苏斯博士的绿鸡蛋和火腿的书带到学校和同伴们一起阅读。你不仅能够自主阅读，而且让全班同学都能使用和欣赏故事。我很高兴能成为你的老师，也期待着你在小学里更优秀的表现。

境外C班 Christina

漂亮的麻花辫

圣诞节的时候，"圣诞老人"送给我一件很漂亮的中式的小裙子。这件裙子是红色的，还有很多花。那些花是彩色的。有一天我很开心地穿起来，妈妈带我去幼儿园，小朋友们和老师们都说我的裙子很漂亮。蔡老师给我扎了两个小小的、中式的麻花辫。回家的时候，妈妈看见我很高兴，她拍了我的麻花辫的照片，把照片发给爸爸，也发给外婆。蔡老师还说，我看起来真的像中国小女孩一样。

家长寄语

We wish you a lot of happiness. We hope you always get as much love and care from everyone as you got from the teachers and friends in the Wunan kindergarten. If you have a daughter, she should bring you as much joy and love as you bring to your Mum and Dad.

我们祝你幸福。希望你能得到每个人的爱和关心，就像你从乌南幼儿园的老师和朋友那里得到的一样。如果一旦你有了女儿，她也会常给你和父母带给你的一样多的欢乐和爱。

教师寄语

I will always remember the fabulous stories you would tell me in the morning about your very exciting life. You were always one of the most eager students to speak English to others. The joyfulness you show during class make me happy to be your teacher. I wish you continued happiness and success in the first grade. (Jake)

我将永远记住你每天早上和我分享的生活点滴。你很喜欢和大家用英语沟通，常常在课堂上感到非常快乐，我很高兴能成为你的老师。祝愿你在小学依然快乐、收获成功。

境外C班
王星越
Joy

开心的推车运动

我们每天都有许多运动项目，有的玩Hockey，有的玩推车，还有跳绳和跳舞。我最最喜欢的就是推车游戏啦。推车是红色的，后面有个半圆的把手。平时一个人负责后面推，一个人坐在上面。Jake老师告诉我们，不能推到教室外面去，所以我们就从教室的一头推到教室门口。推车可以很刺激，人可以趴在上面，"嗖"一下冲来冲去。虽然不是很快，但是小朋友们都很开心，觉得很好玩。

我平时最喜欢和朋友一起玩推车了，一段时间就特别想玩儿。希望以后能一直玩儿。

家长寄语

乌南幼儿园精彩丰富的活动，给孩子们带来了太多欢乐和成长。这就像一颗种子，在孩子心中生根发芽。以后当孩子回忆起幼儿园生活时，想必脸上也是带着兴奋和欢笑。

教师寄语

Joy, you always comes to school with a smile on your face. I was always happy to see you learn and say new words during English reading time. You prove your attention to detail by writing neatly during English writing. I hope you will continue to enjoy learning and become a successful student. (Jake)

Joy，你总是带着微笑来学校。我总是很高兴看到你在学习英语时说出新的单词。我希望你能继续享受学习，成为一名真正的小学生。

境外C班
秦毓轩
Emma

古镇寻宝

　　大班秋游时，我们去了枫泾古镇，我很激动。到了古镇，我看到了很多以前的旧房子，有古老的大木门，石板桥，还有一条小河，小河上有小木船。我们走在古镇小桥上，看见地上一块块石头都是有花纹的，觉得很漂亮。在我们走遍了所有的桥后，我们开始寻宝任务，给自己最喜欢的人买一样礼物。我买了年糕，然后我用剩下的钱给自己买了个漂亮的花环。我好开心，这是我第一次自己拿钱买东西，还给我最喜欢的外公买了他爱吃的年糕。吃完午餐，在陈老师、Jake老师和蔡老师的带领下，我们一起漫步在青青的石头路上，慢慢走出古镇，结束了一天的古镇寻宝。

　　这一天我们走了很多路，虽然很累但是真的很开心。我第一次自己拿着小钱包买东西，我真的太兴奋了。

家长寄语

　　三年半愉快的乌南生活即将结束，你从一个小不点转变成了自信，独立的小女孩。希望你能带着这些美好的回忆和友情顺利融入小学生活！

教师寄语

　　还记得你在大班的时候，大胆自信地向外国老师介绍香囊的制作并礼貌地赠送礼物的样子。喜欢你在教室里，与同学们共同游戏的快乐笑容。也喜欢你学习时专注的表情。期待Emma更棒地展现自我，取得更多的进步。（Candy）

朱俐妍
Leanne

小小红帽檐，大大的心意

记得刚来乌南的第一天，我很紧张也很兴奋，因为自己要独立在幼儿园过一天，没有爸爸妈妈陪。还好当时有大班的哥哥姐姐戴着红帽子，来跟我们玩儿，带我认识幼儿园环境。陪同我的姐姐还送我一个小礼物，那是我在小班时候的宝物。

现在，我当上大班姐姐了，终于到我大显身手的时候了。当我走进小班教室时，看见好多弟弟妹妹在哭，我一下子也没有办法，但是我想到自己伤心时候只要握住妈妈的手，就能开心回来，所以我就过去握住弟弟的手，努力安慰他，逗他开心，弟弟果然不哭了！接下来我们还带小班小朋友参观校园，乌南真的有好多好玩的地方。这次红帽檐活动让我也当了一回大姐姐，我回家高兴地一直跟爸爸妈妈说我有一个快乐的一天！

家长寄语

带着不舍的心情送孩子入园，同样不舍地看她即将毕业，但是孩子懂事了长大了，我们十分骄傲！希望她怀抱在乌南收获的美好，大步前行，茁壮成长！

教师寄语

喜欢你的真诚，喜欢你的甜美微笑，喜欢你努力接受挑战的样子，喜欢你在获得成功后欣喜快乐的表情……在乌南，看到了你的成长和进步，希望在小学一切顺利。（Candy）

遇见乌南

境外C班
Elsa

我爱乌南幼儿园
I Love Wunan

I love going to school. I have a lot of friends at school and I like that a lot. I have friends in class C, but also in class A and B. When we are doing exercise at the playground, I can play with my friends from other classes. In class C I play a lot with Christina and Andrew, but actually all the kids in class C are my best friends. When it was winter camp, there were also smaller kids in the class, I liked to help to feed the little kids and read a book for them.

I really like to read books in the class and coloring. I also like playing at the playground, we can run around. When my mom or dad pick me up from school, I don't want to leave the school.

我喜欢上幼儿园。我有很多朋友。我在C班有朋友，A班和B班也有我的朋友。当我们在操场上锻炼时，我可以和其他班的朋友一起玩。C班的所有同伴都是我最好的朋友。在寒假班，我遇到了些弟弟妹妹，我喜欢帮助他们、读书给他们听。我很喜欢看书和涂色，在操场上玩。每天放学的时候，我总不舍得离开。

家长寄语

Stay as social, happy, active and kind as you are! We hope that you also will go to the new school with a happy face and we are sure you will make new friends there.

保持快乐、活跃和善良！我们希望你能愉快地去新学校，我们相信你会在那里交到新朋友。

教师寄语

Elsa, you are always one of the most active students during English lessons. You are never afraid of trying something new or attempting to answer questions. Your great energy and fun personality was a bright spot during the day. I wish you the best in upcoming adventures. (Jake)

Elsa，你一直是课上最活跃的学生之一。你从不害怕尝试新事物，精力充沛，性格开朗。我祝你在未来的日子里勇敢接受挑战。

境外C班
张若莹
Agnes

爱在春暖花开时

去年我就参加过幼儿园举办的玩具义卖献爱心活动，当时我中班，活动一早，门口有好多哥哥姐姐们手里拿着募捐箱，捐完善款后他们给了我一颗大大的爱心，非常漂亮，我一直收藏着。到了下午睡好午觉后，操场上热闹非凡，摊位布置完毕，彩旗和五颜六色的气球随风飘动，我拿着票子飞奔着跑去楼下，在一个个摊位前寻找前几天我在哥哥姐姐班里看中的玩具，买到了我喜欢的冰雪奇缘的八音盒，我特别开心。

今年我大班了，轮到我准备玩具了，虽然有点舍不得，但想到义卖可以帮助到很多需要帮助的小朋友，我还是拿出了我最爱的两个玩具，很快卖掉了，心里美滋滋的。希望所有小朋友都能像我一样开开心心地过好每一天。

家长寄语

很欣慰你能在乌南度过三年童年时光，感恩有老师和同学们的相伴，在这里快乐成长，并学会了很多东西。愿你能扬起信念的帆，载着希望的梦，驶向更辽阔的海洋，不忘初心，遇见更好的自己。

教师寄语

你有一双微笑的、会说话的眼睛，开朗的性格使你到哪里都能找到一起玩耍的伙伴，当朋友遇到困难或需要帮助的时候，你也总能温暖地伸出双手。希望在未来的日子里，你继续保持灿烂的微笑，和朋友们共同前进！（Candy）

我爸爸是大厨
My Dad is a chef

The day impressed me most was that when my Dad made A Day of Pizza class for all of my class and classmates. The most fun time was when my daddy started to spin the pizza and kept launching in the air like a frisbee. All of us laughed a lot and when we tried to do well , we got flour everywhere. We looked like ghosts! After that we started to make our own pizza with tomato, mozzarella cheese and ham, and my dad helped us to cook each pizza. When the pizza was ready the kitchen smelled so good, and then each one of us took our own pizza home to show it to our parents. I was proud of my pizza, I've made a mickey mouse pizza and it tasted so good!!

I really love my school, all the teachers are nice and teach us many interesting things, we also play a lot and I've made many friends, the ones I like most are Cristina and Elsa. We are friends forever!

那一天让我印象深刻，我爸爸教所有的班级同学做比萨。最有趣的时刻是我爸爸开始飞比萨饼，像飞盘一样在空中转。我们大家都笑了。我们开始用番茄、意大利干酪、火腿做披萨，当披萨做好后，厨房里到处都是披萨的味道，我们每个人都带着自己的披萨回家和爸爸妈妈分享。我做的是米老鼠披萨，味道好极了! 我真的很喜欢我的幼儿园，所有的老师都很好，教我们很多有趣的事情，我也交到了很多朋友，我最喜欢的是Christina和Elsa，我们永远是朋友。

家长寄语

Wish you keep enjoying the experience with your school mates as you did, and keep smiling at life and keep your joy. My sweet Sabrina, never stop being curious of what life offer you every day and learn to become a better person.

希望你能一直享受着和同学在一起的快乐，也希望你能在生活中保持微笑，保持快乐。带着好奇享受生活，成为一个更好的自己。

教师寄语

Sabrina, you have a wide range of knowledge in the classroom. I am happy to see your face light up when you learn something new and succeed in class. Your hardworking attitude toward English learning is one of your strengths. I know this type of effort will help you to be successful in the future. (Jake)

Sabrina有丰富的知识，我很高兴看到你取得成功时露出的笑脸。你学习英语很努力。我相信这种努力将有助于你将来取得成功。

境外C班

翟思源

Kate

有趣的科探室

在乌南幼儿园，我最最喜欢去的地方就是科探室，它在学前部的四楼，里面有很多很多好玩的东西，有手影游戏，有放大镜、显微镜，有静电试验，有人体的器官，还有科学图书可以看。其中我最喜欢的是放大镜，首先要找到同一种东西的所有卡片，卡片上面还会用数字标出不同的成长阶段，然后用放大镜按照顺序看看它们的不同，最后在白纸上再把它们一个一个画出来。我画过青蛙还有大米。我还特别喜欢和班级里其他的小朋友一起玩手影游戏，我们喜欢把灯光照到天花板，然后自己做手势在天花板上玩手影游戏，如果有其他的小朋友不会做手势，我们就会一起用灯光投影看小动物的剪影卡片。

家长寄语

转眼三年，幼儿园快乐的时光就要结束了，虽然不舍，但是前面将会是更加多彩的生活，希望你能够勇敢地面对困难和挑战，健康快乐地长大。

教师寄语

你每天早晨来园，总会对老师、同伴微笑着打招呼，认真地参与各种各样的活动。兴趣是最好的老师，坚持你的兴趣，通过不断地努力，相信你一定会有不一样的收获。（Candy）

境外C班
王姿晓
Vivian

我最喜欢的漂亮乌南

爸爸妈妈第一次带我去淮海中路乌南幼儿园校园的时候，我就很喜欢漂亮的乌南幼儿园，那里有漂亮的房子还有好多好玩的东西。每当妈妈说，要带我去漂亮乌南的时候，我就很开心。在漂亮的乌南里，每个月都有不一样的主题活动，比如认识世界各个国家的环境，名称和特色。我认识了加拿大，回到家和爸爸妈妈讲加拿大的国旗，加拿大的首都，我也想暑假去加拿大旅游看看。

在漂亮的乌南幼儿园里我学到了好多本领，认识了好多好朋友，和他们在一起真的好开心呀。我也在丰富多彩的漂亮乌南慢慢长高了，长大了。我是幸福的薇薇安~

家长寄语

看着可爱的薇薇安从我们家的餐桌下，慢慢地和餐桌齐平，现在慢慢地高出餐桌，在餐桌边默默地看着开心快乐的薇薇安，长大长高，懂得的东西越来越多，祝福她从漂亮乌南开始，越来越健康开心快乐幸福~~

教师寄语

你是一个爱画画的可爱女生，每天中午吃完午餐，总能看到你拿着画笔在画纸上尽情地发挥着想象力，描绘着心中的美丽世界。爱画画的孩子，一定是个内心细腻的孩子，希望你继续捕捉生活中的美好，绘画出更棒的未来。（Candy）

图书在版编目（CIP）数据

遇见乌南：2019届乌南毕业生的故事 /龚敏编著. —上海：上海三联书店，2019.9
ISBN 978-7-5426-6770-0

Ⅰ.①遇… Ⅱ.①龚… Ⅲ.①幼儿园－概况－上海 Ⅳ.①G619.285.1

中国版本图书馆CIP数据核字（2019）第183168号

遇见乌南：2019届乌南毕业生的故事

编　　著 / 龚　敏
责任编辑 / 朱静蔚　王鸿杰
封面设计 / 一本好书
监　　制 / 姚　军
责任校对 / 林住依

出版发行 / 上海三联书店
　　　　　　（200030）中国上海市漕溪北路331号A座6楼
邮购电话 / 021－22895540
印　　刷 / 上海展强印刷有限公司

版　　次 / 2019年9月第1版
印　　次 / 2019年9月第1次印刷
开　　本 / 787×1092　1/16
字　　数 / 300千字
印　　张 / 13.75
书　　号 / ISBN 978－7－5426－6770－0/G·1542
定　　价 / 78.00元

敬启读者，如发现本书有印装质量问题，请与印刷厂联系021－66366565